Ingo Thiel
SOKO im Einsatz

Ingo Thiel
mit Bertram Job

SOKO
im Einsatz

Der Fall Mirco und weitere
brisante Kriminalgeschichten

ullstein extra

Die in diesem Buch geschilderten Fälle entsprechen den Tatsachen. Ein Großteil der genannten Personen und Orte des Geschehens wurde anonymisiert. Etwaige Übereinstimmungen oder Ähnlichkeiten wären rein zufällig.

4. Auflage 2012

Ullstein extra ist ein Verlag der Ullstein Buchverlage GmbH
www.ullstein-extra.de

ISBN 978-3-86493-012-6

© Ullstein Buchverlage GmbH, Berlin 2012
Alle Rechte vorbehalten
Gesetzt aus der Caslon
bei Pinkuin Satz und Datentechnik, Berlin
Druck und Bindung: CPI – Ebner & Spiegel, Ulm
Printed in Germany

VORWORT

Das mit der Jagd höre ich inzwischen gar nicht mehr gern. Wenn ich an einem freien Morgen mit meinem jungen Hund und einem gesicherten Gewehr durch die Bruchwälder hinter Mönchengladbach streife, ist das in erster Linie meine Privatsache. Ein Hobby, das ich zum Ausgleich für meinen fordernden Beruf betreibe. Diese Pirsch mit der Verfolgung von Gewalttätern zu vergleichen, käme mir von allein nicht in den Sinn. Sicher braucht es hier wie dort hellwache Instinkte, aber Mörder und Entführer spürt man nicht so vergleichsweise einfach auf wie einen wilden Keiler. Zumal ich am Ende auch nicht auf sie anlege, sondern sie festnehme.

Die gutgemeinten Vergleiche werden in letzter Zeit immer häufiger an mich herangetragen. Weil ich mit dem Erfolg, den ich als Leiter etlicher Mordkommissionen haben durfte, allmählich selbst ins Visier geraten bin. Also fragen mich Journalisten, was für ein Geheimnis dahintersteckt – als würde ich die gesamte Arbeit im Alleingang und ohne logistische bzw. technische Unterstützung erledigen. Das hat noch zugenommen, seit ich Anfang 2011 mit meinem schwierigsten und populärsten Fall in über zwanzig Jahren als Todesermittler unfreiwillig bekannt geworden bin.

Es war mit Sicherheit nicht mein Traumjob, als ich Anfang September 2010 die Vermissten-Sache eines bei Grefrath entführten, zehnjährigen Jungen übernahm – als Leiter der Soko Mirco, die phasenweise bis zu achtzig Mitarbeiter beschäftigte. Umso erleichternder war es dann, als wir nach 145 Tagen den Täter festnehmen konnten. Worauf ich, stellvertretend für das ganze Team, über tausend Mails aus der gesamten Republik erhielt, mit denen man uns zum Fahndungserfolg gratulierte. Das hat in jeder Hinsicht gutgetan: Plötzlich waren wir da draußen nicht mehr die »doofen Bullen«, die einen immer nur blitzen, anhalten und nerven, sondern Menschen, die mit ihrem Einsatz einem kollektiven Bedürfnis nach Sicherheit zur Geltung verhelfen.

Aufzuklären, was wieso mit Menschen passiert ist: Vielleicht ist das die höchste Form der Ermittlungsarbeit, der ich mich da verschrieben habe. Weil sie über die persönliche Genugtuung hinaus, einen Fall gelöst zu haben, nicht zuletzt auch Erleichterung bedeutet. Erleichterung für die Familien und Freunde der Opfer, die eine Erzählung brauchen, um selbst wieder ins Leben zu finden. Diese Botschaft haben die Kriminalfälle, die ich hier aus meiner Laufbahn erzähle, ja alle miteinander gemein: Selbst die schrecklichste Nachricht kann nie so quälend sein wie der schwebende Zustand anhaltender Ungewissheit.

Was wir dazu leisten müssen, ist so konkret wenig bekannt. Die allgemeine Vorstellung wird von Fernsehkrimis geprägt, in denen zwei, drei Ermittler unentwegt durch die Gegend sausen, hier und da Fragen stellen und dann das große Rätsel lösen. Da könnte man neidisch werden: Niemand muss dort Hinweise abheften, Spuren einschicken, Notizen und Protokolle erstellen oder sonst einen bürokratischen Aufwand betreiben. Fiktive Geschichten zur Unterhaltung dürfen auch so sein; aber die realen Fallerzählungen hier in diesem Buch können vielleicht ein genaueres Bild abgeben, wie es bei Ermittlungen im Kripo-Alltag wirklich zugeht.

Wir sind zum Beispiel in aller Regel nicht bloß zwei oder drei. Sondern wir bilden Kommissionen, in denen viele Fähigkeiten und Temperamente gebündelt werden, vom Fallanalytiker über den Kriminologen bis zum psychologisch geschulten Opferbetreuer. Das erfordert gut organisiertes Teamwork mit hohen Ansprüchen und zunehmend flachen Hierarchien. Allein kann ein Ermittler heute wenig bewirken, wie übrigens auch deutlich höhere Aufklärungsquoten statistisch eindeutig belegen. Maigret und Marlowe waren nett, aber sie sind eben auch längst passé.

In jedem Fall mit den besten Spezialisten aus den Landeskriminalämtern und ihren Labors zusammenzuarbeiten: Für moderne Ermittler ist das inzwischen eine Selbstverständlichkeit. Wir können Gewalttäter durch mikroskopisch kleine Fasern oder den Abgleich des genetischen Codes (DNA) anhand winziger Hautschuppen überführen. Diese analytische Präzision hat, ähnlich wie der Einsatz zeitgemäßer Kommunikationsmittel, sowohl neue Anforderungen wie auch neue Möglichkeiten in unserem Job geschaffen. Und sein zeitloser Reiz – das ewig neue menschliche Drama – scheint in den hier veröffentlichen Geschichten hoffentlich ebenso durch.

Es sind ja keine strahlenden Gewinner, die wir in der Regel als Täter und Komplizen ausmachen. Genau besehen verlieren bei einem Gewaltdelikt eigentlich immer alle Beteiligten. Das wird spätestens in dem Moment deutlich, wo das Spiel vorbei ist. Dann schrumpfen Totschläger und mehrfache Mörder zu Menschen, die sich in der Vernehmung eher verwirrt als furchteinflößend präsentieren. Die eine Zigarette für ihre zitternden Finger brauchen oder jemanden, der ihre schmutzigen Klamotten wäscht. Traurige Gestalten, die um einen Rest von Würde und Selbstwert kämpfen – und nach dem Geständnis fast ausnahmslos erleichtert wirken.

So habe ich es beim Fall Mirco erlebt, der bisher wohl aufwendigsten Personensuche in der deutschen Kriminalgeschichte. Aber auch bei dem Fall mehrerer junger Mädchen, die in den Neunzigern zwischen dem Gladbacher Hinterland und der französischen Atlantikküste alle dem gleichen, ausgesprochen unscheinbaren Triebmörder zum Opfer gefallen waren. Im Fall des fünfzehnjährigen Sascha aus dem Raum Willich, dessen grausames Schicksal zehn Jahre lang ungeklärt blieb, stießen wir dagegen auf einen skrupellosen Täter, der offenbar weder zur Selbstwahrnehmung noch zu Empathie fähig ist und auch keine Reue zeigt.

Alle drei Akten werden hier noch mal geöffnet, so dass sich der Leser aus erster Hand ein Bild machen kann, wie kriminalistische Arbeit wirklich funktioniert – nämlich als Resultat methodisch organisierten Teamworks in der Ermittlungskommission. In diesem Sinne sind die *True Stories* am Ende des Tages vielleicht ja ebenso erhellend wie zuweilen düster – weil sie etwas Licht in die Praxis der Kripo bringen, die sonst nur von außen wahrgenommen wird. Kein Fall war zu seiner Zeit weniger wichtig als die anderen, nur hat sich die öffentliche Wahrnehmung durch den Zuwachs an Medien erheblich gesteigert: Während wir im Fall von

Nadine und anderer ermordeter Mädchen 270 Hinweise abarbeiteten, waren es bei Mirco rund 9900.

So bin ich nun »eine traurige Berühmtheit« geworden, wie es neulich eine Frau ausgedrückt hat, die mich im Supermarkt ansprach. Damit muss und kann ich leben, denn wenn unsereins gerufen wird, ist immer schon etwas Schlimmes passiert. Wir kommen nicht zum Gratulieren – aber auch nicht nur zum Jagen.

Mit ausdrücklichem Dank an alle Mitarbeiter der Ermittlungskommissionen,

Ingo Thiel

EINS: LETZTE RUHE

Das nächste große Ding beginnt für einen Ermittler nicht immer mit einem lauten Knall und einer Leiche. Manchmal reichen zwei Blatt Papier, die einem unvermittelt auf den Schreibtisch fallen. Man weiß es meist nur nicht gleich.

»Hier«, sagt jemand in meinem Rücken, »kümmer dich mal drum.« Und ist schon wieder durch die offene Tür meines Büros im zweiten Stock des Altbaus im Gladbacher Polizeipräsidium entschwunden. Trotzdem weiß ich natürlich, wer mich da besucht. Die nüchterne Stimme gehört zweifelsfrei Hennes Jöries, der zu dieser Zeit mein Dienststellenleiter ist. Der Hennes, wie wir ihn nennen, macht selten viele Worte. Mit seinem spröden Charme tippt er nur kurz Menschen und Dinge an, damit sie sich bewegen. Im Stillen aber hält er alles nach, was durch sein Kommissariat läuft, und mit seiner Pfeife, aus der es nach Gewürzen riecht, gäbe er auch einen passablen Maigret vom Niederrhein ab. Ich habe es unter anderem ihm zu verdanken, dass ich zur Mordkommission geholt wurde.

An diesem kühlen Tag im Mai 2001 hat er mir eine Notiz samt Abschrift einer Aussage durchgereicht. Ein Ehepaar aus Süchteln hat sich nach einer seltsamen Begegnung auf dem Flohmarkt bei der Gladbacher Trabrennbahn an die

Polizei gewendet. Die Eheleute hatten einen Sohn, der vor zehn Jahren spurlos verschwunden ist. Und zur Zeit des Verschwindens einen Nachbarn, den sie nach der Begegnung mehr denn je als seinen Mörder verdächtigen.

Brigitte und Heinz-Werner Scholten haben dessen geschiedener Frau Elfriede Karge auf dem Flohmarkt ein Skateboard verkauft. Dabei ist das Gespräch bald auf jene Zeiten gekommen, als man in Schiefbahn, einem kleinen Flecken zwischen Mönchengladbach und Krefeld, in der gleichen Straße wohnte. »Ich habe Elfriede darauf angesprochen, dass die im Garten hinter dem Haus einen Rottweiler hatten. Ich habe sie direkt auf den Kopf zu gefragt, ob die unseren Sohn an den Hund verfüttert oder ob sie da im Garten ein Loch gescharrt haben. Sie hat gesagt: Das nicht, aber sie hätten früher einen Schrebergarten gehabt, und da, in einer bestimmten Ecke, hätte es so nach Leiche gerochen. Sie hätten deswegen den Schrebergarten verkauft.«

So beginnt die Aussage, die Brigitte Scholten von sich aus bei der Viersener Kriminalpolizei in Begleitung ihres Mannes macht. Und so geht sie nach kurzer Unterbrechung weiter:

»Elfriede hat gesagt, dass ihr Mann Günter einmal abends mit total dreckigen Klamotten nach Hause gekommen ist. Und da musste sie die waschen, sonst hätte sie Prügel gekriegt. Hat sie ja sowieso dauernd … Außerdem hätte ihr Mann mehrfach gesagt, dass Sascha nie mehr wiederkommen würde …«

Eine kurze Notiz, ein loser Verdacht: Etwa dreimal pro Woche fliegen uns Meldungen zu, in denen irgendwer jemand anderen einer Straftat verdächtigt – oft nur, um dem-

12

jenigen Schwierigkeiten zu bereiten. Aber das hier kommt von einer Frau, der nach dem, was sie seit zehn Jahren ertragen muss, ganz sicher nicht zum Spaßen ist. Und die erst recht kein Interesse daran hat, jemanden anzuschwärzen, der nichts mit dem Verschwinden ihres Sohnes zu tun hat. Abgesehen davon klingt das, was ihr da zu Ohren gekommen ist, sehr konkret. So was lässt sich nur schwer erfinden.

Ganz sicher hat mein Chef geahnt, dass die gut zwei Seiten reichen, um mich anzutriggern. Und sieht sich wohl bestätigt, als ich etwas später im Türrahmen seines Zimmers auftauche. »Ja, sehr interessant«, sage ich nur, die Zeugenvernehmung noch in der Hand. Und: »Ich geh der Sache auf jeden Fall mal nach.« Wie wir halt so reden, wenn wir den Ball erst mal flach halten wollen.

So ziemlich jeder in diesem Präsidium kennt den Fall des fünfzehnjährigen Schülers, der zehn Jahre zuvor in Schiefbahn bei Willich, keine zwanzig Kilometer von hier entfernt, verschwunden und seither wie vom Erdbeben verschluckt ist. Keine Spuren, die auf ein Gewaltverbrechen schließen lassen, aber auch keine Erklärung – nicht gerade das, worauf die Kriminalpolizei besonders stolz ist.

Damals hat die Geschichte über Monate hinweg den Polizeiapparat in Atem gehalten. Alle Suchmaßnahmen, Aufrufe und Hinweise, die von der eigens gegründeten Soko überprüft wurden, liefen letztlich ins Leere. Und jetzt, aus heiterem Himmel, plötzlich ein neuer, konkreter Tatverdacht: gegen einen Mann, der mit Saschas Familie beinahe Tür an Tür gewohnt hat. Damit könnte eine ältere, halbvergessene Akte wieder geöffnet und vielleicht auch erfolgreich geschlossen werden.

Am Nachmittag rufe ich bei der Krefelder Staatsanwaltschaft an, um mir die Akte zum Vermisstenfall zu bestellen. Ich möchte das Original haben, weil in den Kopien für die Polizei oft einige Nachträge fehlen. Dazu gebe ich am Rechner den Namen des damaligen Nachbarn im Strafregister ein – und erhalte eine stattliche Liste an Vergehen. Sie zeichnen das Profil eines gewaltbereiten Kleinganoven, der sich mit Hehlerei, Diebstahl, Betrug und ähnlichen Manövern durchzuschlagen versucht. Das »Sahnehäubchen«: fünfzehn Jahre Haft für einen Mordversuch.

Ein Mann, der schon einmal bereit war zu töten, und seine geschiedene Frau, der ein Kadavergeruch in die Nase gestiegen ist: Liegt hier womöglich eine direkte Verbindung zu dem Jugendlichen, der seit zehn Jahren vermisst wird? Ich bin noch in Gedanken, als Ulli durch die offene Tür in mein Zimmer stapft – der Dienststellenleiter der Sitte, die auch Vermisstenfälle bearbeitet. Ulli hält demonstrativ eine dicke Akte in die Höhe, um sie dann mit einem dumpfen Knall auf meinen Schreibtisch abzuwerfen.

»Tach, Herr Thiel«, sagt er mit gespielter Distanz, »Paket für Sie.«

*

Der wuchtige Ordner auf dem Tisch ist von der Staatsanwaltschaft in Krefeld und enthält alle Unterlagen zum Fall Sascha Scholten. Ein Kurier hat ihn vor zehn Minuten im Präsidium abgeliefert. Durch irgendein Versehen ist er zunächst aber nicht im KK 11, sondern im KK 12 gelandet. Nun will der Kollege, der sie vorbeigebracht hat, natürlich gelobt werden. Also tue ich ihm den Gefallen.

»Danke, Ulli. Ist ja mal richtig nett von euch.«

»Kein Thema! Aber was habt ihr denn vor damit?«

»Och, mal sehen. Jedenfalls haste jetzt was gut bei mir.«

»Soll da noch mal was neu aufgerollt werden?«

»Du, das kann ich dir nicht sagen. Noch nicht.«

Jetzt grinst Ulli und blickt mir in die Augen. Solche Spielchen machen ihm Spaß. »Willste nich sagen, ne? Na ja, hab ich mir schon gedacht.«

Als der Kollege samt seiner Neugier wieder durch die Tür ist, kann ich endlich damit beginnen, mich durch die Akte zu wühlen. Sie ist ein großes Puzzle voller Protokolle und Notizen, die in der Summe kein klares Bild ergeben. Dafür habe ich mich einige Stunden und eine halbe Schachtel Zigaretten später gründlich eingelesen.

Sascha Scholten ist am 12. Januar 1991 noch in Schiefbahn gesehen worden. Er ging nachmittags über die kurze Stichstraße, wo er bei den Eltern wohnte, in Richtung Ortsausgang; er war in Begleitung von jemandem mit kurzen Haaren und Parka. Seither gab es kein Lebenszeichen mehr von ihm. Die Vermissten-Stelle des nächstgelegenen Polizeipräsidiums in Willich, einer Kleinstadt im Kreis Viersen, hat zwei Wochen vergeblich nach Hinweisen gesucht, bis sie den Fall an die Kollegen der Kripo in Mönchengladbach übergab. Von dort ist er später nach Willich zurückgewandert.

Bisher konnte nicht mal ein zweifelsfreies Indiz dafür gefunden werden, dass überhaupt eine Gewalttat im Spiel war – allenfalls so etwas wie eine Hypothese. Sie hat mit dem Autobahn-Rastplatz zu tun, der nicht weit entfernt ist und zur damaligen Zeit auch ein in der Szene bekannter Schwulentreff war. Sascha könnte also zusammen mit jemandem, den er hier getroffen hat, verschwunden sein: Der Mann in dem Parka, der ihn entweder überredet, gelockt oder genötigt hat, mitzugehen.

Wie üblich in solchen Fällen, wurde damals ein Phantombild der Person angefertigt, mit der Sascha zuletzt gesehen worden ist. Aber weder in der Nachbarschaft noch in der Stricherszene, zu der der Junge, wie sich später herausstellte, auch gar keine Verbindung hatte, konnte jemand den Mann auf der Zeichnung identifizieren, und neuere Hinweise sind seither nicht aufgetaucht. Sascha Scholten ist einer von so vielen Namen in der Vermisstenkartei geworden, die zu der Zeit bis zu 70 000 neue Einträge im Jahr erfasst hat. Im Unterschied zu 80 Prozent solcher Fälle hat sich dieser jedoch nicht in den ersten Monaten aufgeklärt. Und leider auch danach nicht.

Ich kenne den Kollegen, der damals bei der Kripo die Ermittlungen geleitet hat: Manfred Gerz, ein engagierter Mann, der nicht so schnell aufgibt. »Manni« hat sich über Jahre an Saschas Geschichte aufgerieben, wie es heißt, bis er irgendwann ins LKA nach Düsseldorf gewechselt ist. Es wäre nicht das Dümmste, ihn jetzt wieder einzubeziehen. Deshalb nehme ich mir vor, ihn morgen gleich mal anzurufen.

Zunächst möchte ich mich aber um die Eltern des Vermissten kümmern, von denen der neue Hinweis stammt, um von ihnen selbst zu hören, was ihnen Elfriede Karge auf dem Flohmarkt erzählt hat. Außerdem möchte ich mir ein Bild machen, was damals in der Familie und in der Nachbarschaft los war. Und von dem Jungen selbst: Ich will mehr über seine Persönlichkeit, seine Hobbys und seine Freunde wissen –

und, falls es die geben sollte, auch über Menschen, die ganz und gar nicht seine Freunde waren. Und ich habe Glück: Das Ehepaar kann uns morgen in Süchteln empfangen.

*

Es wird viel gehustet in der kleinen Wohnung, die Saschas Eltern im Zentrum des kleinen Ortes in der Nähe von Viersen bezogen haben, nachdem sie in Schiefbahn von ihren Erinnerungen verfolgt worden waren. Der Vater hat zwei Schlaganfälle hinter sich, und jetzt machen ihm seine Bronchien zu schaffen. In Gesellschaft überlässt er meist seiner Frau die Initiative. Sie ist es, an die wir uns bei unserem Besuch halten müssen – mein allzeit elegant gekleideter Kollege Rolf Schrey, ein schlanker Mann um die fünfzig, und ich. Auf dem Couchtisch im Wohnzimmer stehen Kaffee, Kekse und Sprudel. An der Wand hängt ein gerahmtes Foto von Sascha. Ein netter Teenager mit freundlichen Augen unter den kurzen, dunklen Haaren. Der Prototyp des aufgeweckten Kerlchens, den jeder sympathisch findet.

An diesem 12. Januar habe sie ihm mittags noch zwei Mark zugesteckt, als Belohnung für eine Zwei in der Mathematik-Arbeit, erzählt Brigitte Scholten, eine resolute, um Verbindlichkeit bemühte Frau mit dunklen, halblangen Haaren. »Er hatte ja was im Kopf und sollte mal was Anständiges werden.« Diese Mission hat sie beharrlich verfolgt, bis es plötzlich nicht mehr weiterging. »Wie man so sagt: Von einem Tag auf den anderen.«

Sie hat über die Jahre mühsam gelernt, mit der Lücke zu leben. Neben Sascha waren noch zwei weitere Söhne und eine Tochter großzuziehen; alle drei sind inzwischen aus dem

Haus. Die Hoffnung, dass ihr Junge irgendwann vor der Tür steht, ist jedoch immer geblieben, sagt sie: »Das kriegen Sie nicht weg als Mutter. Darum war das auch so schlimm, wenn dann wieder diese Anrufe kamen.«

Anonyme Anrufe, die sich häuften, sobald der Fall irgendwo erwähnt wurde. *Hallo, ich bin in Amsterdam. Hallo, ich bin gerade in Berlin.* Es seien fremde Stimmen gewesen, und selten habe der Anrufer mehr als ein, zwei Sätze gesagt. Außerdem trafen ab und zu auch Postkarten ein, immer im gleichen Stil. *Viele Grüße aus Kopenhagen. Viele Grüße aus San Francisco.* Und alle diese Witzbolde hatten mit »Sascha« unterschrieben.

Und jetzt diese Zufallsbegegnung auf dem Flohmarkt. Brigitte Scholten hatte ihre ehemalige Nachbarin etliche Jahre nicht mehr gesehen. Auch deshalb hatte sie in diesem Moment das Gefühl, keine Zeit verschenken zu dürfen, und steuerte gleich aufs Ziel los: »Ich könnte wetten, dass dein Mann unseren Jungen umgebracht hat.« Möglicherweise war die Angesprochene davon so überrumpelt, dass ihr auf die Schnelle keine Ausflucht einfiel – und sie stattdessen diesen verkappten Hinweis gab.

Was sonst noch gesprochen wurde? Nicht mehr viel, sagt Frau Scholten, die Elfriede habe den Flohmarktstand danach sehr bald verlassen.

Das mit dem Schrebergarten ließ Saschas Mutter verständlicherweise nicht mehr los. Nicht zuletzt deshalb, sagt sie, weil sie dem Mann ihrer ehemaligen Nachbarin jedes nur denkbare Verbrechen zutraue. Ein Kleinkrimineller und Choleriker, der seine Frau geschlagen und seinen Hund getreten hat. Herr Scholten hustet wieder, greift zum Wasserglas und nickt. Die Erinnerungen, die jetzt hochkommen, lassen auch ihn nicht kalt.

Nach einer Stunde kämpfen mein Kollege und ich uns aus den Polstersesseln. Ich sage den beiden noch, dass es richtig war, mit ihrem Erlebnis zur Polizei zu gehen, und dass wir der Sache sehr schnell nachgehen werden. Zwei Standardsätze in unserem Beruf, doch ich bin fest entschlossen, das gegebene Versprechen zu halten. Also fahren wir auf dem direktesten Weg, über die A61, ins Gladbacher Präsidium zurück, wo ich mich sofort ans Telefon klemme.

Der erste Anruf gilt Manfred Gerz, den ich beim LKA auf Anhieb erreiche. Er ist so neugierig auf das, was ich ihm über den neuesten Stand in diesem Fall andeute, als hätte er ihn erst gestern abgegeben. Ein echter Jagdhund, wie die meisten Ermittler in der Kripo. Anders geht das auch nicht.

»Ich könnte dir ein Ohr abknabbern zu der Geschichte«, sagt Manfred, hörbar aufgekratzt. »Aber weißt du was: Ich komm lieber mal vorbei.«

Der zweite Anruf gilt Elfriede Karge, die inzwischen in Anrath lebt. Sie soll uns Genaueres dazu erzählen, was da so gestunken hat in dem Schrebergarten, den sie und ihr ehemaliger Mann zu der Zeit gepachtet hatten. Sie ist nicht gerade begeistert, als ich unseren Besuch ankündige, aber das erwarte ich auch nicht. Alles in allem sind da nicht so viele, die sich darauf freuen, wenn die Polizei bei ihnen aufkreuzt – geschweige denn die Kripo.

Am nächsten Vormittag fahren Rolf und ich nach Anrath, einem kleinen Ort bei Neersen, das für die Staus am gleichnamigen Kreuz inzwischen bekannter ist als für sein mittelalterliches Schloss. Den berüchtigten Knotenpunkt von A44 und A52 fürchten alle Autofahrer, und wer kann, meidet ihn. Wir haben inzwischen erfolgreich das kleine Kaff erreicht und kurven durch die engen Straßen. Hier, zwischen der Post und dem Supermarkt, muss es irgendwo sein.

*

»Hör'n Se bloß auf mit dem! Ich bin so froh, dat ich den quitt bin. Das könn' Se sich gar nich vorstellen.«

Elfriede Karge serviert ihre zentrale Botschaft schon wenige Sekunden, nachdem wir ihre kleine Wohnung in Anrath betreten haben. Während die kleine Frau mit den halblangen, knallbunten Leggins widerwillig von früher erzählt, hält sie sich am Küchentisch fest. Als wäre er das gefühlte Zentrum eines neuen Lebens, das sie sich mit einem neuen Partner mühevoll erkämpft hat, bald nachdem ihr Exgatte in Haft gekommen ist und sie die Scheidung durchsetzen konnte.

»Und ich hoffe, dass er da im Knast bleibt«, sagt sie, während sie sich die nächste Zigarette anzündet. »Bis er grün und blau wird, meinetwejen.«

Sie hatte nicht viel zu melden in der Welt, die sie damals in Schiefbahn mit ihrem Mann teilte. Musste sich aus allem »hübsch raushalten«, wie sie sagt, sonst gab es »Stress« bis hin zu Prügel. So hat sie weggesehen und geschwiegen, wenn der Mann mit geklauten Sachen nach Hause kam. Hier ein Autoradio, dort ein halbes Motorrad. Oder wenn er mit Manuela »poussiert hat«, die damals vierzehn, fünfzehn war.

Was das genau bedeutet, lässt sie lieber offen. »Fragt doch die Manuela«, sagt sie, »die war doch mehr mit dem zusammen wie ich.«

Mehr Einzelheiten gibt es von ihr nicht. Sobald wir danach fragen, stößt Elfriede Karge erst einmal den Rauch ihrer Zigarette aus, um dahinter abzutauchen. Wie ein Tintenfisch, der seine Angreifer einnebelt, um dahinter zu verschwinden. *Das weiß ich nicht mehr. Das ist mir egal. Ich will damit nix mehr zu tun haben. Dat is jottseidank alles so lange her ...*

Immerhin bestätigt sie die Geschichte, die sie ihrer ehemaligen Nachbarin angedeutet hat. Es habe im Schrebergarten heftig gestunken in den Tagen, nachdem Sascha verschwunden war. Und wenn sie sich recht erinnere, seien ihr Exgatte und Manuela eines Abends sehr dreckig zu Hause aufgetaucht und hätten was davon erzählt, eine tote Katze vergraben zu haben.

»Die haben da auch mal ein Feuer gemacht, glaub' ich«, sagt sie, »und dann war der Gestank auch verschwunden ... Aber da fragen Se besser die Manuela. Ich hab damit nix zu tun. Ich bin nur froh, dass dat alles vorbeh is ...«

Eine tote Katze, die verbuddelt werden musste? »Diese Frau hat immer geglaubt, was ihr erzählt wurde«, sage ich auf dem Rückweg nach Mönchengladbach zu meinem stillen, fast gleichaltrigen Kollegen am Steuer. Es war einfach ihre Art, unter solchen Umständen zu überleben. Sonst hätte es nur »Stress« gegeben. »Aber für uns gilt das nicht. Wir dürfen etwas tiefer bohren.«

Und dann, in meinem Büro, muss auch ich erst einmal eine rauchen. Wie soll man auch nachdenken können, ohne dabei etwas in der Hand zu halten? Ich fläze mich in den Drehstuhl, strecke unter dem Schreibtisch die Beine aus, den Ascher in der Hand, und schaue ziellos durch mein Fenster in einen farblosen Himmel. Seltsamer Mai.

Da ist also die eine Mutter, die seit zehn Jahren nichts von ihrem Sohn gehört hat und nur zu gerne mehr darüber wüsste. Und dann die andere – der Tintenfisch in den grellen Leggins, der sein Gedächtnis völlig abgebunden hat. Was man so alles beiseiteschieben kann, um irgendwie durchzukommen. Und was man alles aushält, solange man seine Lage nicht ändern kann. Vielleicht ist das die innere Kraft, aber auch die Tragik solcher Frauen.

Ich bin jetzt noch zuversichtlicher, dass es sich lohnen könnte, den Fall noch mal anzupacken. Und so in etwa gebe ich das auch Hennes Jöries zu verstehen, als ich ihn am Nachmittag auf den neuesten Stand bringe. Mein wortkarger Chef stopft gerade bedächtig eine neue Pfeife, hört mir aber aufmerksam zu, leicht zu erkennen an der Art, wie er einem den Kopf leicht entgegenneigt.

»Gut«, sagt er schließlich, »dann mach da mal weiter.« Und mehr kommt auch nicht.

*

Einen Tag darauf arbeite ich mich durch einen neuen, viel schmaleren Ordner. Er enthält die Unterlagen zu einer Anzeige wegen Bedrohung, die hier im Gladbacher Präsidium gegen Günter Karge eingegangen ist.

Manuela Karge erhält seit geraumer Zeit seltsame Briefe von ihrem Vater aus der JVA. Darin stecken viele angedeutete Botschaften. In manchen Passagen der grammatikalisch dürftigen Briefe drückt er seine Vorfreude aus, weil er nun Freigänger wird – auch eine Gelegenheit, seine Tochter zu sehen. An anderer Stelle verspricht er Geld. Daneben gibt es aber auch einen Brief, in dem er seine Tochter unter Druck setzt. Ich finde ihn, wie alle anderen, in den Anlagen zur Anzeige.

Darin bezieht sich der Vater auf ein gemeinsames, nur angedeutetes Ereignis aus der Vergangenheit und droht: »Wenn du was erzählst, geht's dir wie ......« Die sechs Auslassungspunkte könnten durchaus für einen Namen mit sechs Buchstaben stehen. Wie zum Beispiel *Sascha*?

Jetzt will ich erst recht alles in Erfahrung bringen, was sich über Günter Karge finden lässt. Was ich bisher gehört und gelesen habe, hat meinen Appetit angeregt. Das muss einer, der bei der Kripo ermittelt, einfach mitbringen: Was andere eher abschreckt, törnt uns sogar noch an. Der süße Duft der kriminellen Energie.

Ich rufe Schorsch an, einen ehemaligen Dienststellenleiter, der alle Fälle in der Region samt Details auswendig kennt, und spreche noch mit anderen Kollegen. So gut wie jeder von ihnen hat seine Erfahrung mit Günter Karge gemacht.

»Der war Stammkunde bei uns«, sagt einer von einer nahegelegenen Wache am Telefon. »Immer zuverlässig, wenn es um Schwierigkeiten ging. Und nur zu zweit oder besser zu dritt zu bändigen ...«

Der Mann hat seine eigenen Vorstellungen, wie man Konflikte moderiert, und auch den passenden, kompakten Körper dazu. Gesicht, Gestalt, Mimik: Auf einem Foto, das ich besorgen kann, wirkt er wie ein angriffslustiger Kampfhund. So hat er in Schiefbahn nicht nur seine Familie, sondern den gesamten Straßenzug in Atem gehalten. Das bestätigt mir auch Manfred Gerz, der mich am Nachmittag besucht. Für ihn ein kleiner Ausflug in die alte, vertraute Kripo-Welt.

»Wir haben den immer ›Spikey‹ genannt«, sagt er, während ich Kaffee nachgieße. »Irgendwie passte das zu dem. Und wenn wir mal vier, fünf Wochen lang nichts gehört haben, sagte einer irgendwann: Was ist los mit Spikey, ist der etwa krank?«

Manfred Gerz war nie richtig überzeugt davon, dass Sascha im Strichermilieu verschwunden oder ermordet worden ist. Diese Hypothese habe sich nur durch die Nähe zum Rastplatz aufgedrängt. Und durch den Jungen in dem Parka, mit dem er gesehen wurde. Wie überhaupt manches etwas schnell, um nicht zu sagen oberflächlich, gehandhabt worden sei: »Soko klingt ja immer toll. Doch letztlich geht es darum, wie gründlich ermittelt wird. Aber wem erzähle ich das.«

Günter Karge stand nicht im Fokus damals, galt bei aller Renitenz als Kleinganove. Bis es zu diesem Mordversuch kam. Auch daran kann Manfred sich noch recht genau erinnern.

An diesem Tag lauerte Karge einer Nachbarin auf, die sich häufiger über das Gebell seines Hundes beschwert hatte. Er passte sie auf ihrem Spaziergang ab, um ihr mit einem 38er Revolver drei Mal aus unmittelbarer Nähe in den Kopf zu schießen, und ging anschließend zurück nach Hause.

Es ist ein kleines Wunder, dass die Frau diese Attacke mit leichten Sprachstörungen überlebt hat und später vor Gericht aussagen konnte. Dort wurde Karge wegen versuchten heimtückischen Mordes zu einer fünfzehnjährigen Freiheitsstrafe verurteilt. »Und wenn ich richtig zähle, müsste er noch ein paar Jahre hinter Gittern sitzen«, schließt Manni.

»Stimmt, er sitzt noch ein. Haben wir gecheckt«, ergänze ich.

»Wunderbar. Da kann er in aller Ruhe Tüten kleben. Auch was Schönes.«

»Klebt er aber nicht. Hat sich ganz zurückgezogen, wie die in der JVA sagen, und schreibt seiner Tochter Briefe.«

Ich erzähle von der Anzeige, die Manuela Karge jetzt erstattet hat, und dabei fällt Manfred noch was ein: Kurz nachdem er in Haft gewandert ist, hat Manuela schon mal ihren Vater angezeigt – wegen sexuellen Missbrauchs. »Aber damals stand Aussage gegen Aussage, und du weißt ja, wie so was ausgeht.«

Als »Manni« wieder auf dem Weg nach Düsseldorf ist, lese ich noch mal in den abgehefteten Briefen. Was für ein seltsames Geschreibsel, wie viele mehr oder minder versteckte Absichten! Diesmal stößt mir noch eine andere Passage heftig auf. Darin schreibt Karge: »Ich mag dich noch immer.«

*

Nach diesen ersten Tagen kann ich mir ausmalen, was Günter Karge in seiner Familie und speziell bei Manuela angerichtet hat. Das ergibt jedoch noch immer keinen Hinweis auf den vermissten Nachbarsjungen. Die einzige Linie, die eventuell zu Sascha führt, besteht aus sechs kleinen Punkten in einem Brief aus dem Gefängnis. Außerdem ist da noch ein Kleingarten, in dem es vor zehn Jahren angeblich gestunken hat.

Ein paar Teile, die zueinanderpassen, und andere, die sich noch nicht hineinfügen wollen: Das ist immer die spannendste Situation. Als Kind habe ich mit meinem Vater ganze Winterabende lang an großen Puzzles gearbeitet, die ich am Ende aufgeklebt an die Wand hängen durfte. Und als

Kommissar für Tötungsdelikte darf ich im Grunde oft das Gleiche tun. Es ist nur nicht einfach, einen Fall zu rekonstruieren, der jahrelang in den Aktenschränken geruht hat: Je länger das her ist, desto schwerer fällt es den Beteiligten, sich an Details zu erinnern.

Dafür bleibt bei einem *Cold Case*, wie zu den Akten gelegte, aber noch nicht aufgeklärte Fälle genannt werden, genügend Zeit, das Umfeld zu ermitteln. Es gibt kaum Zeitdruck und auch keine Reporter, die einem jeden Tag auf den Schuhen stehen. Und der Tatverdächtige, um den es hier mutmaßlich geht, kann sowieso nicht weglaufen. Auf ihn wird gerade ganz gut aufgepasst.

Ich fahre also nach Schiefbahn raus, wo die Geschichte begonnen hat – ein kleiner Ort an der A52. Hier haben die beiden Familien fast Tür an Tür gewohnt – in der hässlichsten Häuserreihe, die der abgelegene Flecken im Rücken der Welt zu bieten hat. Grauer Rauputz, kleine Fenster: Eine triste Zuflucht in einem Ort, der kaum Geschäfte, Cafés oder Kneipen zu bieten hat.

Wer unter diesen Umständen benachbart ist, kann sich kaum aus dem Wege gehen. Aber selbst Saschas Eltern konnten sich auf unsere Fragen nicht an heftigere Konflikte mit den Karges erinnern. Schon gar nicht, was ihren Jungen betrifft. Er ist offenbar ein guter Freund von Manuela gewesen, jedenfalls verbrachten die beiden in der Zeit vor Saschas Verschwinden zuletzt viel Zeit miteinander.

Danach fahre ich gleich zu den Schrebergärten. Es ist ein weitläufiges, mit deutschen Fahnen und TV-Antennen gespicktes Areal. Die Parzellen sind schmal, aber tief. Eine grüne Lunge in dem zersiedelten Niemandsland, wo Gewerbestraßen mit Kohlackern und Radwegen wechseln. Irgendwo im Hintergrund die wuchtigen Türme eines Industriebetriebs.

Was sich in diesen Holzhütten und gemauerten Mini-Bungalows abspielt, und erst recht dahinter, ist von den geometrisch angelegten, blitzsauberen Wegen aus nicht einzusehen. Hier kann einer, der als Pächter eingeführt ist, sonst was vergraben oder verbrennen. Wo doch sowieso ständig gebuddelt, gegrillt und gekokelt wird – wenn auch nicht unbedingt im Januar. An diesem Vormittag etwa sehe ich nur einen älteren Mann auf den Wegen, der kurz von einer Schubkarre voller Zweige aufschaut.

Zurück am Eingang mit dem großen, Ponderosa-artigen Torbogen, notiere ich mir noch die Kontakte des Kleingartenvereins. Und lande ein paar Tage später auf der Geschäftsstelle des zuständigen Kleingarten-Kreisverbands. Hier wird erfasst, wer in den Gärten welche Parzelle für wie viele Jahre gepachtet und wer sich als Bewerber angemeldet hat. Und hier kann ich mir die Lagepläne der Grundstücke besorgen.

»Sie glauben ja gar nicht, was für lange Wartelisten wir hier zum Teil führen«, sagt der ältere Mann auf der Geschäftsstelle und mustert mich über seine randlose Brille hinweg. Ich habe ihm am Telefon nichts von der Leiche erzählt, sondern nur, dass die Waffe aus einem alten Fall womöglich in einer der Parzellen vergraben liegt. Nicht unnötig die Gerüchteküche in einer Laubenkolonie anheizen.

»Und wie ich das glaube«, entgegne ich. »Fragen Sie mal einen bei der Polizei, der nicht gerne so ’n Gärtchen hätte.«

»Tjaaa«, sagt mein Gegenüber gewichtig und grinst. Spä-

27

testens jetzt habe ich Herrn König, wie er heißt, auf meiner Seite. Zufrieden fahren seine klobigen Finger durch ein Register handbeschrifteter Karteikarten, bis sie plötzlich zur Ruhe kommen.

Günter Karge hat seine Parzelle ein Jahr nach Saschas Verschwinden aufgegeben. Seitdem gab es mehrere Nachfolger. Der jetzige ist ein Mann mittleren Alters aus Mönchengladbach. Einmal in Fahrt, schreibt Herr König mir gleich noch seine Adresse und die Telefonnummer auf. Als er mich erneut über die Brille hinweg ansieht, während er mir den Zettel und die Lagepläne reicht, kommt er mir beinahe wie ein Apotheker vor. *Nehmen Sie die zweimal am Tag, unzerkaut vor den Mahlzeiten.*

»Sie können sich gerne auf die Liste setzen lassen«, sagt er, als wir an der Tür sind. »Könnte aber 'n paar Jährchen dauern.«

*

Der Mann aus Mönchengladbach heißt Frenken, ein häufiger Name in dieser Gegend. Er erwartet mich am nächsten Mittag an der Parzelle, die er alleine bewirtschaftet – »ohne Frau und ohne bunte Zwerge«, wie er betont. Am Ende des schmalen, langen Grundstücks steht ein geducktes, unscheinbares Häuschen; ein Spaten und ein Fahrrad lehnen neben der schiefen Tür.

Heinz-Willi Frenken, ein kleiner Mann in einer blauen Windjacke, findet die Geschichte mit der Waffe vielleicht sogar spannend – jedenfalls gibt er sich sehr hilfsbereit. Der Garten ist in seiner Anlage inzwischen mehrfach verändert worden; unter anderem wurde eine neue Terrasse angelegt.

Trotzdem: Was hier irgendwann einmal eine Etage tiefer vergraben wurde, müsste noch immer zu finden sein.

»Möglicherweise müssen wir hier demnächst mal etwas buddeln«, sage ich. »Da kriegen Sie aber noch rechtzeitig Bescheid.«

Herr Frenken nickt. Er lässt den Blick über den Garten schweifen und kneift dabei leicht die Augen zusammen. Dann ist er wieder bei mir. »Buddeln ist immer gut«, erwidert er.

Bevor wir allerdings hier zu graben anfangen, möchte ich erst mit Manuela Karge sprechen. Sie ist neben ihrem Vater die Einzige, die etwas über die seltsamen Manöver wissen könnte, die hier vor zehn Jahren stattgefunden haben. Ziemlich genau dort, wo ich vorhin mit Herrn Frenken gestanden habe.

Die Stimme, die sich am späteren Nachmittag am Telefon meldet, gehört einer Frau Mitte zwanzig im Gladbacher Stadtteil Geneicken. Dort hat Manuela sich inzwischen offenbar ein eigenes Leben aufgebaut. Mit einem Busfahrer, den sie geheiratet hat, zwei kleinen Kindern und einem Job als Verkäuferin. Allein dafür hat sie meinen Respekt.

Trotzdem muss ich sie jetzt ein bisschen überrumpeln. Um nicht gleich mit der Tür ins Haus zu fallen und sie dadurch zu verschrecken, beziehe ich mich zunächst nur auf die Anzeige wegen Bedrohung, die sie bei uns erstattet hat, und frage, ob sie dazu noch mal aussagen könnte. Am besten hier, im Präsidium. »Wenn es einfacher für Sie ist, holen wir Sie auch mit einem Wagen ab.« Dass es um viel mehr geht, muss sie jetzt noch nicht wissen.

Es dauert einen längeren Moment, bis ich sie in der Leitung wieder hören kann. Immer erst checken, was man jetzt wieder von ihr will. Immer die momentane Lage peilen.

»Ja, okay. Dann holt mich hier ab.«

*

Die fünfundzwanzigjährige Frau, die mir am 16. Mai 2001 gegenübersitzt, bemüht sich um eine selbstsichere Fassade, bekommt aber schon bald ein Problem: Sie ist nicht halb so cool wie sie sich gerne verkaufen möchte. Mir fallen die abrupten Gesten auf, mit denen sie sich immer wieder durch das kürzere, dunkle Haar fährt. Und die Stimme, die in den nächsten drei Stunden immer weicher und brüchiger wird, während sie ihre ungeheure Geschichte vor mir ausbreitet. Ein burschikoser Typ, der in einem Moment schroff wirken kann und im nächsten verletzlich. Es ist wohl doch ganz gut, dass ich zunächst allein mit ihr spreche, ohne weitere Kollegen dabei.

Manuela bestätigt als Erstes die Vorwürfe, die sie gegen ihren Vater wegen massiven sexuellen Missbrauchs erhoben hat. Sie habe den Mut dazu aufgebracht, als dieser wegen des Mordversuchs an der Nachbarin in Haft gekommen sei. Die bedrohlichen Zeilen in den Briefen aus der Haft haben offenbar ihre Angst genährt, dass er sie nachträglich bestrafen könnte. Zumal er inzwischen schon ein-, zweimal auf Freigang gewesen ist.

Ich erkläre der jungen Frau, welche Möglichkeiten die Polizei hat, um sie als Zeugin zu schützen, und frage wenig später nach ihrem Verhältnis zu Sascha. Ihre Antwort kommt ohne Verzögerung. Es sei eine nette, eher harmlose Freundschaft zu dem ein Jahr jüngeren Jungen von nebenan gewesen, erklärt sie. Sex habe dabei für sie keine Rolle gespielt. Das »höchste der Gefühle« war ein Treffen am Toilettenhäuschen auf ihrer Straße, wo sie ein bisschen »rumgeknutscht« hätten. Aber schon das sei ihrem Vater, der sie dabei erwischt habe, zu weit gegangen. Darum habe er sie an den Haaren nach Hause geschleift, um sie dort brutal zusammenzuschlagen und zu treten. So heftig, dass zwei Rippen gebrochen und ein Auge blau geschwollen waren. Dann fuhr er sie gegen ihren Willen zur Behandlung ins Krankenhaus; dort wie überall anders sollte sie behaupten, dass sie überfallen worden sei. Anschließend stand sie einige Wochen für die Zeit nach der Schule unter Hausarrest, wie mein Gegenüber mit zunehmend belegter Stimme zu Protokoll gibt.

Und das ist nur der Anfang einer Geschichte, die sich jetzt wie von allein ihren Weg ebnet, mit einer Macht, die diese junge Frau förmlich überrollt. Offenbar hat sie eine Tür zu ihrer Erinnerung geöffnet, die sich nicht mehr schließen lässt, und muss weitererzählen. Selbst wenn der Ermittler, der ihr gegenübersitzt, sagen würde, dass ihn das alles gar nicht interessiert. Aber es interessiert mich. Es interessiert mich ungemein.

Ich mache die Zeugin darauf aufmerksam, dass sie nichts erzählen muss, was ihre Eltern oder sie selbst belastet. Das ist meine Pflicht bei solchen Vernehmungen. Sie nimmt den Hinweis kurz zur Kenntnis, ohne jedoch näher darauf einzugehen.

Ihre Geschichte ist unglaublich, aber keineswegs unglaubwürdig: Einige Wochen nach dem Zwischenfall, so Manuela Karge, hat ihr Vater sie für einen Hinterhalt benutzt. Er trug ihr auf, Sascha mit der Aussicht auf Sex an einen entlegenen Ort zu locken. Die beiden trafen sich an einem alten Kalksteinwerk und gingen zusammen zu einer ausgedienten, mannshohen Kanalröhre. Dort, ahnte sie, würde ihr Vater sie erwarten. Sie hat damals damit gerechnet, dass er Sascha verprügelt, doch Fragen zu stellen oder sich gar zu weigern, war keine Option.

»Wenn ich Fragen gestellt habe, wurde ich geschlagen«, gibt Manuela zu Protokoll. »Deshalb habe ich nicht mehr gefragt.«

Manuela ging mit dem aufgeregten Jungen, der seinem »ersten Erlebnis« entgegenfieberte, hinunter in die Röhre. Dort erschien dann sehr schnell ihr Vater, in seiner Hand der Revolver, den er mal irgendwo in Belgien gekauft hatte, in ihrem Beisein. Was anschließend geschah, ist im Protokoll der Vernehmung wörtlich festgehalten:

»Er hat mich dann nach oben geschickt, und ich bin ein Stück weggelaufen. Dann hab ich einen Schuss gehört, und es dauerte nicht lange, bis mein Vater zu mir kam. Er hat gesagt, ich soll auch einen Schuss auf Sascha abgeben. Dabei hat er mir die Waffe hingehalten, ich wollte sie aber nicht. Mein Vater ist aus dem Abflussrohr gekommen, hat gesagt, dass er ihm in den Kopf geschossen hat, er aber noch leben würde. Ich sollte ihm den Rest geben. Wir sind dann beide nicht mehr in die Röhre gegangen und haben den Sascha dort sterben lassen.«

Die junge, aufgelöste Frau an meinem Schreibtisch braucht jetzt eine kleine Pause. Sie hat soeben erstmals zu erzählen begonnen, was sie vor zehn Jahren erlebt und bis eben für sich behalten hat. Ich kann förmlich sehen, wie der lange aufgestaute Druck entweicht. Nachdem wir uns beide eine Zigarette angezündet haben, setzt sie die Geschichte dann umso entschlossener fort.

»Mein Vater ist dann mit mir über den Wirtschaftsweg nach Hause gegangen. Dort stand sein Auto. Es war zu dieser Zeit schon dunkel. Wir sind erst ins Haus gegangen. Stunden später hat mein Vater mir dann gesagt, dass ich mithelfen soll, den Sascha zum Schrebergarten zu fahren. Ich habe auch da nicht gefragt warum. Wir sind dann zusammen mit dem Auto zu der Stelle gefahren, wo der Sascha lag. Mein Vater hat den Sascha aus der Röhre geholt. Da war er tot. Ich habe erst mal geweint.«

*

Günter Karge hat mit Sascha einen eingebildeten Rivalen beseitigt – auf eine Art, die seine Tochter zur Komplizin macht. So hat er sich den exklusiven Zugriff auf Manuela gesichert und gleichzeitig ihr Schweigen. Umso erleichternder ist es nun für sie, alles auf den Tisch zu legen. Und es scheint tatsächlich so zu sein, wie es sich zuletzt abgezeichnet hat: Die Spur zu Saschas Leiche führt in den Schrebergarten.

Manuela schildert jetzt weiter, wie ihr Vater die Leiche in den Kofferraum geladen hat und sie zusammen zum Kleingarten fuhren. Und wie er den Toten dort in eine Plane gewickelt, auf eine Karre gelegt und hinter der Laube verbuddelt hat. Das etwa ein Meter tiefe Loch dafür musste sie zusammen mit ihm graben. Sie weiß auch noch, wie enttäuscht die Mutter war, weil sie bei der Rückkehr nach Hause nichts von der Linsensuppe anrühren mochte, die auf den Tisch kam.

Und dass sie in der Nacht nicht schlafen konnte. Als wäre das alles nicht vor zehn Jahren, sondern erst vor zehn Tagen passiert. Oder auch vor zehn Minuten. Und so ist es ja auch, genau genommen.

Das Martyrium der Sechzehnjährigen war damit aber noch nicht vorbei. Am nächsten Abend musste sie den Vater erneut zum Schrebergarten begleiten. Günter Karge öffnete das provisorische Grab, um Benzin aus zwei 20-Liter-Kanistern über die Leiche zu gießen und das Feuer mit Holzscheiten in Gang zu halten. Offenbar ist ihm klargeworden, dass ihn der Leichengeruch, der auch durch die Erde drang, verraten könnte.

Das Feuer habe drei, vier Stunden gebrannt, gibt Manuela zu Protokoll, und »bestialisch« gestunken. Sie wollte nicht hinsehen, musste aber die Holzscheite anreichen.

»Ich war wie erstarrt vor Angst. Als das Feuer dann heruntergebrannt war, hat mein Vater wieder Erde daraufgeworfen. Ich habe nicht mitgeholfen. Wir sind dann nach Hause gefahren. Meine Mutter hat wieder gefragt, wo wir herkommen, denn wir haben nach Benzin und Feuer gestunken. Mein Vater hat irgendwas erzählt, dass er Holz im Schrebergarten verbrannt hat. Ich bin dann direkt in mein Zimmer gegangen, denn ich konnte einfach nicht mehr. Die Suche nach dem Sascha war da schon in vollem Gange ...«

Unsere Zeugin ist jetzt sehr strapaziert und braucht noch einmal eine Pause. Ich nutze sie, um die Gladbacher Staatsanwaltschaft anzurufen. Was hier gerade erzählt wird, soll und muss auch sie mitbekommen. Entsprechend leichter (und schneller) sollte sich später das Strafverfahren einleiten lassen. Nun geht es nicht mehr nur um Bedrohung, sondern um vorsätzlichen Mord. Das ist eine Straftat, die nie verjährt.

Als Manuela Karge ihre Erzählung fortsetzt, werden die Details immer makabrer. Aber jetzt muss und möchte sie diesen Film bis zum Ende abspulen. Wenn nicht jetzt, wann dann?

Noch einmal habe sie ihren Vater zum Garten begleiten müssen, diesmal mit dem Rad; das war ein paar Tage später. Günter Karge wühlte hinter der Laube erneut an der Grabstelle und holte jetzt alle großen, greifbaren Knochen hervor, die nach dem Brand übriggeblieben waren. Die hackte er anschließend mit einem Spaten klein und steckte sie in eine große Plastiktüte, die seine Tochter auftreiben und ihm aufhalten musste.

»Wir sind dann mit dem Fahrrad zu einer Brücke gefahren. Dort hat mein Vater die Tüte in den Fluss geschüttet. Anschließend sind wir nach Hause. Mein Vater hat so getan, als wäre überhaupt nichts gewesen. Auch später hat er nie mit mir über die Sache gesprochen ...«

Es ist 16 Uhr 10, als Manuela Karge an diesem Tag das Protokoll unterschreibt, das ich von der Vernehmung angefertigt habe. Den Staatsanwalt, der eine Weile zuvor dazugekommen ist, hat sie kaum zur Kenntnis genommen. Jetzt, nach insgesamt drei Stunden, wirkt sie gleichzeitig niedergeschlagen und erlöst. Wie so viele, die sich irgendwann zwischen diesen Wänden ausgekotzt haben.

Der junge Mann im Parka, mit dem Sascha an seinem letzten Tag auf dem Weg zur Fußgängerbrücke gesehen wurde, war also wohl in Wahrheit die kurzhaarige Manuela. Als sie mir später ein Foto von sich aus der Zeit gibt, fällt mir sofort die verblüffende Ähnlichkeit mit dem Phantombild auf, das damals angefertigt wurde: ein sportives Mädchen am Ende der Pubertät, das mit seinen kurzen Haaren auf den ersten Blick kaum von einem Jungen zu unterscheiden ist.

Ob sie uns die Stelle in dem Kleingarten zeigen kann, an der Saschas sterbliche Reste vergraben liegen, frage ich vorsichtig. »Kein Problem«, sagt sie. Diesen Platz werde sie ihr Leben lang nicht vergessen, ob sie wolle oder nicht.

»Wir können jetzt gleich hinfahren«, sagt sie entschlossen. »Dann hab' ich das hinter mir.«

*

Kurz darauf gehen mein Kollege Rolf Schrey und ich mit der Tochter des mutmaßlichen Mörders durch die besenreinen Wege der Kleingartenanlage. Ich habe Herrn Frenken angerufen und ihn vorgewarnt, dass wir gleich seinen Garten entern. Und es ist mir sehr recht, dass er gar nicht erst den Versuch macht, dabei zu sein.

Zielstrebig findet Manuela Karge die Parzelle, und ebenso zielstrebig steuert sie auf den hinteren Teil des Gartens zu. Dicht am Zaun und noch vor dem gemauerten Gartengrill bleibt sie abrupt stehen.

»Hier« sagt sie knapp, »genau hier. Hundert Prozent.«

Wir schauen uns kurz die Stelle an, die von den angrenzenden Parzellen aus nicht einsehbar ist, dann beeilen wir uns, die junge Frau nach Hause zu bringen. Sie hat für heute genug mitgemacht, musste sie sich doch für ihre Aussage durch all das hindurchkämpfen, was sie seit zehn Jahren versucht, hinter sich zu lassen. Das hat sie spürbar ausgelaugt.

Man kann etwas wegschieben, so gut es geht – unter der Oberfläche arbeiten die Dinge dennoch weiter.

Was die juristische Seite betrifft, muss sich unsere Hauptzeugin akut wenig Sorgen machen. Wir können ihr guten Gewissens versichern, dass sie für die erzwungene Rolle als Mitwisserin und Beihelferin strafrechtlich aller Wahrscheinlichkeit nach nicht belangt werden wird. Zudem hat sie sich mit ihrer ausführlichen Aussage und, indem sie uns den Leichenfundort gezeigt hat, selbst noch einen anderen Gefallen getan, als sich alles von der Seele zu reden: Ihr Vater wird nicht in der Lage sein, wieder bei ihr aufzutauchen. Gleich am nächsten Morgen informiere ich die Leitung der JVA telefonisch, dass sein Freigang wegen neuer Ermittlungen gegen ihn ab sofort auszusetzen ist. Das Schreiben von der Staatsanwaltschaft dazu schicken wir hinterher. Manuela kommt ins Zeugenschutzprogramm, ihr Name wird aus allen Registern genommen.

Noch ist das Spiel aber nicht ganz gewonnen. Wir haben jetzt eine Zeugenaussage, die gleichzeitig Geständnis ist, aber noch keine Leiche oder einen Beweis. Allerdings sagt mir mein Bauch, dass diese Geschichte nicht erfunden ist. Doch wenn es hart auf hart käme, stünde Aussage gegen Aussage – wie bei dem Verfahren wegen sexuellen Missbrauchs, das vor Jahren eingestellt wurde.

Das Puzzle ist also noch nicht komplett. Wir müssen jetzt nach der Wahrheit schürfen, im wahrsten Sinne des Wortes. Zu diesem Zweck rufe ich erneut den Pächter des Kleingartens an. Ich bin sicher, dass Günter Karge in seiner Hektik nicht alle Überreste von Sascha entsorgt hat. Das ist fast nicht zu schaffen.

»Lieber Herr Frenken«, sage ich nach den einleitenden Worten, »Sie können sich denken, worum es geht. Wir müssen nun aufs Grundstück. Und zwar ziemlich schnell.«

*

Am übernächsten Tag beginnt eine kleine Baukolonne, sich hinter der Laube in die Erde zu wühlen. Sie besteht aus einigen Kollegen des KK 11, darunter auch mein Chef Hennes Jöries, unser Kriminaltechniker Jürgen Theissen und ich, sowie drei Leuten von der Tatortgruppe des BKA, die wir zusätzlich eingeschaltet haben. Dazu kommen Privatdozent Wolfgang Huckenbeck, Rechtsmediziner an der Heinrich-Heine-Universität in Düsseldorf, und Juri, sein junger, russischer Praktikant.

Die Frühsommersonne knallt heftig, als wir uns Ende Mai vorsichtig wie Archäologen vorarbeiten – mit Spachteln, Pinseln und OP-Besteck. Und mit Rüttli 1001: eine in der Schweiz entwickelte Anlage zum Aussieben von Erdreich, mit der sich u. a. feinste Sprengstoff-Partikel finden lassen. Man füllt den ausgehobenen Sand auf die Maschine, wo er über mehrere, bewegliche Transportbänder und Rüttelplatten ausgesiebt wird, so dass alle gröberen Bestandteile hängen bleiben. Dann kann man die Fundstücke in aller Ruhe untersuchen.

Am ersten Morgen rücken wir mit einem Kleintransporter an, aus dem wir den mehrere Meter langen, halbhohen Apparat herausholen. Die ganze Prozedur sieht so gewichtig aus, dass schon bald zwei Nachbarn vor dem Zaun der Parzelle stehen. Echte Hobbygärtner wie aus dem Bilderbuch, mit breiten Hüten und Gummistiefeln.

»Könnt ihr bei uns auch noch einen Brunnen bohren?«, fragt der Größere von den beiden. Sein Garten ist nur wenige Meter entfernt, dennoch kann auch er nicht über die Absperrungen sehen. »Ich mein – wenn ihr schon mal dabei seid …«

»Wir gucken mal, wie das zeitlich hinkommt«, entgegne ich. »Erst mal müssen wir hier fertig werden, versteht ihr. Dann können wir noch mal sprechen.«

Wir sieben zunächst alles aus, was nicht nach Pflanzen oder Erdreich aussieht, und füllen es in ganze Batterien von Gläsern. Ob wir dabei fündig geworden sind, lässt sich unmittelbar nicht einwandfrei sagen. Wo so heftig gegrillt wird, stecken fast überall Reste von Koteletts, Hühnerschenkeln etc. im Boden. So hält sich die Aufregung in Grenzen, als wir in etwa einem halben Meter Tiefe auf verfaultes Holz und erste Knochensplitter stoßen: Das kann alles und nichts bedeuten.

Doch dann, am späten Nachmittag, entdecken wir kurz hintereinander einen einzelnen Zahn und ein eigenartig spitzes Knochengebilde. Könnte von einem Vogelschädel sein, denke ich noch. Aber Juri, unser russischer Praktikant, gerät sofort aus dem Häuschen. Er wiegt das kleine Stück in seiner Hand, dreht es mehrfach hin und her und ist dann absolut sicher: »Das ist Spitze von menschlichen Kinn! *Bljat!*, da habe ich keine Zweifel!«

Augenblicklich ist unsere komplette Brigade elektrisiert. Alle drängen sich um Rüttli 1001 und den untersetzten, stämmigen Praktikanten, der den Knochen so euphorisch in der Hand hält, als hätte er gerade Gold entdeckt. Und das hat er ja auch, wenn man unsere Absichten als Maßstab nimmt – vorausgesetzt, dass er nach der Untersuchung in den Uni-Labors recht behält.

Jeder von uns will das Teil jetzt einmal in der Hand halten, auch ich.

»Juri«, sage ich, »wenn das eine Kinnspitze ist, können wir heute Abend einen abgeschlossenen Fall feiern. Alle Mann!«

Dr. Huckenbeck fährt sofort los, um den Zahn und den Knochen ins Rechtsmedizinische Institut zu bringen, wo die Fundstücke umgehend untersucht werden. Noch vor dem Abend teilt er mir das Resultat mit: Der Schneidezahn stammt aus dem Unterkiefer eines vierzehn- bis sechzehnjährigen Jungen, wie der Zahnmediziner Professor Schübel ermittelt hat. Und den Knochen haben seine Leute tatsächlich als eine menschliche Kinnspitze identifiziert.

Das heißt im Klartext: Wir sind da, wo wir jetzt graben, goldrichtig. Wir sind am Ziel.

Ich gebe sofort weiter, was ich gerade gehört habe, und dann klatschen wir uns alle ab, wie eine Fußballelf nach dem Tor. Jede abgeschlossene Ermittlung fühlt sich wie ein Sieg an, und es gibt keinen Grund, sich über einen solchen Sieg nicht zu freuen – vor allem weil er über eine so lange Zeit unwahrscheinlich schien. Dennoch ist es ein gedämpfter Triumph, weil wir an den ermordeten Jungen denken müssen – und weil wir, die Brunnenbauer, zwischen all den Schrebergärten nicht mehr Wirbel als nötig veranstalten wollen.

Weil eine Siegesfeier aber sein muss, rufe ich später einen Freund an, der beim TV 1848 Mönchengladbach, einem Traditionsklub für Breitensport, im Vorstand ist. Er soll versuchen, das Vereinsheim auf der Bökelstraße für uns zu blocken, nicht weit vom Amtsgericht entfernt.

Zunächst möchte ich jetzt aber meinen Chef informieren, der inzwischen schon zu Hause ist. Er soll als Nächster erfahren, dass sich unser Aufwand gelohnt hat – die alten Akten, die neuen Vernehmungen, der Knochenjob hier im Schrebergarten. Er klingt verwundert, als ich ihn anrufe. Offenbar hat er nicht damit gerechnet, dass ich mich heute noch melde.

»Hennes, wir haben zwei Treffer. Definitiv. Das passt alles sehr gut.«

Einige Sekunden lang weiß ich nicht, ob mein Chef noch in der Leitung ist. Dann ist seine Stimme plötzlich da – genauso trocken und bedächtig wie vor zwei Monaten, als er mir die einseitige Notiz auf den Schreibtisch gelegt hat.

»Ja jut, das ist ja mal was. Kann ja noch lustig werden …«

»Und ob das was ist! Und da liegt noch mehr, davon können wir jetzt ausgehen.«

»Dann besorgt den BKA-Leuten mal vernünftige Hotelzimmer. Wird ja jetzt noch 'n paar Tage dauern …«

Auf der Außenterrasse des Vereinsheims können wir unserer Freude dann abends freien Lauf lassen – die Männer von der Tiefbaustelle. Es wird ein langer Abend mit frischem Altbier und Frikadellen. Man muss sich auch belohnen können, wenn man hart gearbeitet hat, das ist zumindest meine Devise. Auch wenn die Arbeit noch weitergeht.

*

In den nächsten zwei Tagen finden wir in steter Folge noch mehrere Knochenteile von Unterarmen und Händen sowie Stücke des Schädels, außerdem halb verbrannte Knochen, die wie karamellisiert im torfigen Boden stecken. Später wird die DNA-Analyse zweifelsfrei bestätigen, dass diese Überreste von Sascha Scholten stammen. Dazu sieben wir einige persönliche Habseligkeiten aus: den Ohrring, den Sascha getragen hat; sein Sweatshirt, über die Jahre wie ein Putzlappen zerfetzt; und sogar das Zwei-Mark-Stück, das ihm seine Mutter damals als Belohnung für die Mathematikarbeit zugesteckt hat.

Wir finden auch zwei verrostete Stahlkappen von Sicherheitsschuhen in der Erde. Sie werden uns zu der Firma führen, in der Günter Karge zu jener Zeit kurzfristig gearbeitet hat. Ein Abgleich der Seriennummern bestätigt, dass Karge diese Schuhe trug.

Um alles rund zu machen, geht einer der BKA-Leute dann auch noch mit einem Gas-Chronomatographen in die ausgehobene Erde. Dabei werden tatsächlich Spuren des Benzins nachgewiesen, mit dem der Mörder die Leiche vor zehn Jahren übergossen hat.

Das Benzin, die Stahlkappen, die Zähne, Ring, Münze, Knochen: Wir finden in diesen heißen Tagen so gut wie alle Requisiten der makabren Geschichte, die die Tochter des dringend Verdächtigen zu Protokoll gegeben hat. Besser hätte es gar nicht laufen können.

Nur das mit dem Brunnen für die beiden Schrebergärtner hat dann leider nicht mehr geklappt. Am letzten Abend hieven wir Rüttli 1001 wieder in den Kleintransporter, als ich einen von ihnen am Zaun seiner Parzelle stehen sehe. Er hat sich auf seiner Schüppe aufgestützt und blinzelt der Sonne entgegen in unsere Richtung. Ich winke ihm kurz zu, bevor wir uns davonmachen. Was hier wirklich ausgehoben wurde, wird er noch früh genug aus den Medien erfahren. Unser

Pressesprecher Willy Thevessen ist schon dabei, die fällige Pressekonferenz vorzubereiten.

Herrn Frenken hingegen rufe ich persönlich an, damit er vor allen anderen erfährt, was da wirklich gesucht und gefunden wurde. Schließlich hat er uns auf seinem Boden schalten und walten lassen, ohne Fragen zu stellen.

›Buddeln ist immer gut.‹

Jetzt haben wir mehr als genug Indizien, um den Tatverdächtigen damit zu konfrontieren – und um einen Haftbefehl gegen Günter Karge zu erwirken. Es ist ein etwas kurioser Vorgang: Wir müssen bei der Staatsanwaltschaft Mönchengladbach einen Antrag stellen, jemanden zu verhaften, der längst hinter Gittern sitzt. Eine »Überhaft«, wie sich das nennt.

Anschließend mache ich in der JVA einen Termin aus, wann wir den Inhaftierten zur Sache vernehmen können. Etwa eine Woche nach dem Ende der Ausgrabungen wird er uns im vergitterten Kleinbus ins Haus geliefert. Dort, in einem unserer Großbüros, bekomme ich ihn zum ersten Mal leibhaftig zu Gesicht.

*

Günter Karge ist nicht zum Plaudern zumute. Die muskulösen Arme vor der Brust verschränkt, schaut er aus seinem Gefangenendrillich auf die Männer, die ihm in dem Großbüro im Gladbacher Polizeipräsidium gegenübersitzen – und schweigt. Allerdings geben seine Körpersprache und der Blick aus unbewegten Augen deutlich zu erkennen, dass der kantig gebaute Mann von seiner Gesellschaft nicht viel hält.

Ich habe mit Rolf noch einen anderen Kollegen dazugebeten, auch er ein sehr erfahrener Vernehmer. Außerdem ist mein Chef mit von der Partie. Aber auch zu viert bekommen wir kaum einen Ton aus Günter Karge heraus. Bis auf die beiden kurzen und wenig aussagekräftigen Sätze, die er gleich zu Anfang mürrisch hervorgepresst hat. Der erste hieß: »Was soll'n die ganze Scheiße hier?« Der zweite: »Ihr könnt mich mal!«

Hier sitzt ein Mann, der sich sicher ist – oder zumindest so tut, als ob –, dass man ihm über seine derzeitige Freiheitsstrafe hinaus nichts anhaben kann. Aber das wird sich gleich merklich ändern.

Ich kläre den Mann darüber auf, dass es neue Erkenntnisse gibt, die ihn belasten. Und dann lege ich unsere *Waffen* der Reihe nach auf den Tisch – von den Aussagen, die seine Frau und seine Tochter gemacht haben, bis zu den vielen Dingen, die wir auf Manuelas Hinweis hin in seinem ehemaligen Schrebergarten gefunden haben. Eine lückenlose Kette von Indizien, illustriert mit einer Fotoschau: Aufnahmen der Parzelle, die Knochen, Ring und Münze zeigen, und dazu noch die Stahlkappen von Arbeitsschuhen. Seinen Arbeitsschuhen.

Von diesem Moment an verstummt Karge völlig. Doch nun ist das Schweigen nicht mehr demonstrative Verweigerung, sondern eher eine Schockreaktion. Plötzlich ist alle Farbe aus diesem bulligen Gesicht gewichen, sogar die Lippen sind weiß. Der Mann ist nicht mehr bockig oder gar widerstrebend – ihm fällt nur schlicht nichts ein, was er dazu vorbringen könnte.

Vielleicht ahnt er jetzt auch, dass das Ende der Haft, das sich am Horizont abzuzeichnen begann, gerade dabei ist, in weite Ferne zu rücken. Acht, neun Jahre abgesessen, und plötzlich ein neues Faktum obendrauf: noch mal zwanzig, dreißig Jahre. Nach ein paar Minuten, in denen er vor sich hin starrt, presst Günter Karge dann doch noch so etwas wie einen Satz hervor. Es wird der letzte, den wir an diesem Tag von ihm hören: »Kann ich mal 'n Glas Wasser bekommen?«

Keine halbe Stunde später haben wir bereits verschiedene Richtungen eingeschlagen. Günter Karge sitzt in dem vergitterten Kleinbus, der ihn zur JVA zurückbringt. Und ich bin auf dem Weg zu unserem Pressesprecher Willy Thevessen. Es wird Zeit, mit den Ermittlungserfolgen an die Öffentlichkeit zu gehen – bei all den Gerüchten, die in den Schrebergärten gerade wie von selbst entstehen.

Und es wird Zeit, einmal zu zeigen, dass sich alles aufklären lässt, egal wie lange es her ist. Es wird ein großer Tag für die Kripo wie für die Journalisten, die bei der vollbesetzten PK im Präsidium die Einzelheiten der spektakulären Geschichte förmlich aufsaugen. Ein Teenager, der zehn Jahre lang als vermisst galt, und eine grausame Wahrheit, die nun mit ihm ausgegraben wurde.

Karges Schweigen ist natürlich noch kein Geständnis, aber wir haben genug Material gesammelt, um die Mönchengladbacher Staatsanwaltschaft zu mobilisieren. Sie erhebt Anklage gegen Günter Karge wegen vorsätzlichen Mordes an Sascha Scholten. Dabei muss sie auch die Rolle der Tochter unter die Lupe nehmen, die in gewissem Umfang Beihilfe geleistet und erst jetzt von der Gewalttat erzählt hat. Ich persönlich bezweifle aber nicht, dass sie Opfer ist und keine Mittäterin.

*

Ein Versuch der Gerechtigkeit, zehn Jahre nach der Tat: Er wird den Jungen, der jetzt 25 wäre, nicht wieder lebendig werden lassen. Doch die Bestrafung des Täters und die Gewissheit über das Schicksal ihres Jungen ermöglichen es den Eltern hoffentlich, für sich einen Schlussstrich zu ziehen; sich wieder mehr ihren lebenden Kindern und ihrer eigenen Zukunft zu widmen.

Dafür müssen mein Kollege Rolf Schrey und ich aber noch einen schweren Gang antreten. Der letzte Part in diesem Job ist oft auch der heikelste, denn jetzt geht es darum, vor den Eltern des Mordopfers mit der Geschichte herauszurücken, die von den letzten Stunden ihres Jungen erzählt. Zehn Jahre Ungewissheit, in denen ab und zu Postkarten eintrafen, die irgendwer, aber nicht Sascha, von irgendwo eingeworfen hat, und jetzt endlich die Aufklärung: Das heißt für sie auch, alte Wunden zunächst wieder aufzureißen. Aber nur so können sie auch heilen.

So sitzen wir am nächsten Tag wieder in ihrer Süchtelner Wohnung und berichten, was damals geschehen ist. Die grausamen Details der Manöver, mit denen die Tat verschleiert werden sollte, müssen sie aber nicht erfahren.

»Hab ich's doch gewusst!«, entfährt es Brigitte Scholten. Die Wut, die jetzt in ihr hochsteigt, ist aber auch kein Mittel gegen den Schock, den die Nachricht bei beiden auslöst. Es ist eine Sache, jemand alles denkbar Üble zuzutrauen. Zu erfahren, dass er es tatsächlich getan hat – noch schlimmer und gnadenloser, als man es sich je ausgemalt hat –, ist etwas völlig anderes. Da steht die Mutter, die schimpft und weint, und da sitzt der Vater, der hustet und wortlos zu Boden schaut. Und im Hintergrund sehe ich das Foto des Jungen, dessen Knochenreste wir gerade aus der Erde geholt haben.

Diesen Menschen können wir nicht sagen, dass morgen wieder die Sonne scheinen wird – das wird sie hier so schnell nicht tun. Wir können ihnen aber sagen, dass es richtig war, mit ihren Beobachtungen zur Polizei zu gehen. Nur dadurch ist etwas neu aufgerollt worden, das lange abgelegt war. In den Aktenschränken der Krefelder Staatsanwaltschaft, in der Kleingartenparzelle und im Gedächtnis von Manuela Karge.

Am Nachmittag sitze ich schon an meinem Abschlussbericht, als sich wieder jemand durch die offene Tür stiehlt. Hennes Jöries kann sich so leise nähern, dass man ihn, wenn er nicht gerade Pfeife raucht, kaum wahrnimmt. Jetzt steht er hinter mir, um mir eine Hand auf die Schulter zu legen. Es ist vielleicht sogar das erste Mal, dass mein zurückhaltender Chef mich anrührt. Und wer ihn kennt, weiß, dass das in seiner Welt genauso viel wie eine innige Umarmung bedeutet.

»Jut jemacht, Jung!«, sagt er kurz – und ist schon wieder verschwunden, um irgendwo etwas anderes anzustoßen.

ZWEI: DIE DUNKLE SEITE

Da kommen sie, die Franzosen, und eines muss man ihnen lassen: Sie sind einfach nicht zu übersehen. Ein Mannschaftswagen in der Mitte, je ein Begleitfahrzeug vorn und hinten: Es ist ein richtiger Tross, der sich von lothringischer Seite aus der Grenze nähert. Sobald er zum Stehen kommt, kann ich Türen auffliegen und schwer bewaffnete Hünen mit Schutzwesten herausspringen sehen. Es sind mehr als ein Dutzend Uniformierter des Pariser SEK, die sich da am Rande der Autobahn so flink und einstudiert bewegen wie nach einer minutiös ausgetüftelten Choreographie.

Und dann holen sie die Fracht heraus, auf die ich mit drei Kollegen bei Kaffee und Pommes gewartet habe: eine kleine, schmächtige Portion von einem Mann, den man dort, wo wir herkommen, ein »kleen Männke« nennen würde. Er hat eine große Kugel am Fuß, wie ich jetzt sehe, und müht sich ab, damit vorwärts zu kommen – eingekeilt von diesen Kanten, die auf die Grenzschutzstation zustreben. Eine Kugel, wie ich sie bisher nur in den Comics mit Lucky Luke und den vier Daltons gesehen habe.

So sieht also einer aus, der über mehrere Jahre und zwei Länder hinweg erschreckend brutale Gewalttaten verübt hat.

»Ich glaub es nicht«, sage ich halb zu mir und halb zu Rolf, der neben mir auf der Beifahrerseite sitzt – meinem älteren Kollegen mit dem kurz getrimmten, grau-weißen Haarkranz, der auch zu diesem Anlass wie aus dem Ei gepellt ist. Dann steigen wir aus dem weißen Audi, während Claus Irrgang und Günter Rütten, die neben uns geparkt haben, das Gleiche tun. Zusammen sind wir am Morgen in Mönchengladbach losgefahren, und zusammen erleben wir nun großes französisches Kino.

Der Himmel hängt tief und farblos über der Szenerie, die sich an diesem 29. November 1999 am Grenzübergang Goldene Bremm abspielt – dort, wo die Stadt Saarbrücken ins französische Department Moselle übergeht. Es ist ein trübes Licht für einen grellen Film, den man so nicht alle Tage sieht. Manchmal tauschen zwei benachbarte Länder diplomatische Noten untereinander aus, und manchmal eben auch Schwerverbrecher. Es kommt immer auf den Anlass an.

Sechs Jahre sind es fast auf den Tag genau, seit wir die Spur dieses Manns aufgenommen haben. Und nun können wir ihn erstmals ausführlich vernehmen, bevor er für die Übergriffe auf deutschem Boden, zu denen er sich im Prinzip schon bekannt hat, vor ein Gericht gestellt wird. Weil die französische Justiz ihn endlich, nach längerem Gerangel zwischen den Staatsorganen, für insgesamt neun Monate der Bundesrepublik überstellt. Um 11 Uhr 30, wie vereinbart.

Unsere französischen Kollegen sind schon wieder auf dem Weg in ihre Fahrzeuge, als wir nun bei der Grenzschutzstation vorstellig werden. Der kleine, internationale Erfahrungsaustausch fällt also aus. Dafür bekommen wir den schmächtigen Mann mit der Eisenkugel am Fuß samt Schlüssel sofort ausgehändigt: In echt ist er noch zierlicher, als er schon auf den Passfotos wirkt. Und die Gefahr, die von ihm ausgeht, strebt mit wie ohne Kugel gegen null. Das ist jedenfalls mein spontanes Bauchgefühl.

Hans-Peter Abts alias »Pille« aus Heinsberg an der niederrheinischen Grenze zu den Niederlanden, inhaftiert im Elsass wegen Sexualmords auf einem Campingplatz am französischen Atlantik; dreißig Jahre Freiheitsstrafe ohne Begnadigung.

»Ich bin der Ingo«, sage ich zur Begrüßung, »und das da sind Rolf, Claus, Günter.« Bloß nicht allzu förmlich werden mit einem, der Vertrauen entwickeln und noch viel erzählen soll. »Und weil heute dein Geburtstag ist, nehmen wir dir diesen Blödsinn mal vom Bein. Gratulation übrigens.«

»Danke«, sagt unser Gefangener, »und ich bin Hans-Peter. Oder einfach Pille. So heiß' ich, seitdem ich Fußball spiele. Also eigentlich schon immer.«

Pille ist nicht glücklich, als Rolf ihm statt der Eisenkugel Handschellen anlegt, während wir die Dienstwagen auftanken. Aber nur flockig kann es auch nicht zugehen: Immerhin chauffieren wir einen Gewaltverbrecher, den uns die deutsche Justiz per »Ausantwortung«, wie das heißt, überlassen hat. Darum gilt für die Tour nach Mönchengladbach auch die Standard-Sitzordnung: Hinter mir mein Kollege, daneben der Gefangene – möglichst weit von meinem Hals und dem Lenkrad entfernt. Die Tür auf seiner Seite mit Kindersicherung verriegelt.

»Wenn du hier was probierst, hast du übrigens zwei neue

Feinde«, sage ich nach einer Weile auf der A1. »Wäre also sicher keine gute Idee.«

»Ey, kein Stress«, gibt Pille zurück und schaut leicht beleidigt in den Rückspiegel. Von da an plaudern wir über alle möglichen Themen, die drei Stunden auf der Autobahn kürzer erscheinen lassen: deutsche Politik, französische Gefängnisse, die Bundesliga im Allgemeinen und Borussia Mönchengladbach im Besonderen – sein wie auch mein Verein, der im Sommer zum ersten Mal in seiner stolzen Geschichte in die zweite Liga abgestiegen ist.

Frontzeck, Kamps, Ketelaer: Pille hat zu jedem Spieler der Borussia eine Meinung. Rund um Heinsberg hat er früher selbst als Amateur gespielt. Wenn er davon erzählt, wirkt er nicht anders als so viele Typen vom Niederrhein: harmlos und stets unterhaltsam. Nur der strenge Geruch, der in seinen Klamotten hängt, stört etwas. Kein Wunder, trug er sie doch schon damals bei der Verhaftung auf dem Campingplatz am Atlantik, wie er uns später erklären wird.

In den nächsten Tagen werden wir allerdings nicht mehr viel über Fußball sprechen. Sondern über Vorfälle, die mehrere Mordkommissionen beschäftigt und viel Leid in den betroffenen Familien ausgelöst haben. Das wird spätestens wieder klar, als wir am Nachmittag auf den Hof des Mönchengladbacher Präsidiums rollen. Hier wird Pille Abts in Polizeigewahrsam bleiben, um von seinem eigenen Abstieg zu erzählen. Wie er es angekündigt hat, als ihn zwei meiner Kollegen während der Untersuchungshaft nahe Bordeaux erstmals sprechen konnten.

Es gab nämlich nicht nur die Sache auf dem Campingplatz, sondern noch »einiges mehr«, wie er bei der Gelegenheit formuliert hat. Aber selbst das ist, wenn man die Geschichte näher in Augenschein nimmt, eher noch untertrieben.

*

Der November ist kein guter Monat, um zu der Leiche eines zwölfjährigen Mädchens gerufen zu werden, das offenbar einem Gewaltverbrechen zum Opfer gefallen ist. Ich wüsste aber auch keinen anderen Monat, in dem mir das nicht zusetzen würde. Es gibt Aufgaben in unserem Beruf, an die man sich nie wirklich gewöhnen kann, und vielleicht ist das auch besser so.

»Komm mit«, sagt Hennes Jöries bloß, nachdem wir am Nachmittag von der Dienststelle in Kempen informiert worden sind: Ein Mann habe in der Nähe von Vorst, einem kleinen Ort im Stadtgebiet von Tönisvorst, diesen grausigen Fund gemacht. Mein stiller Chef im Gladbacher KK 11 lässt sogar seine Meerschaumpfeife auf dem Schreibtisch zurück, um so schnell wie möglich aufzubrechen. Ein untrügliches Zeichen für höchste Priorität.

Der 26. November 1993 ist ein kalter, grauer Freitag; in der vorigen Nacht sind die Temperaturen wieder unter null gerutscht. Auf den Landstraßen säumen schmutzig graue Schneereste die Ränder. Die meisten Leute, die um diese Zeit unterwegs sind, streben dem ersten Advents-Wochenende zu. Für Hennes, den Kollegen Matthias »Mattes« von Helden und mich dagegen beginnt nun die nächste Mordkommission. Und die Suche nach einem Täter, die uns zwei Jahre beschäftigen wird – aber das wissen wir zu dieser Stunde natürlich noch nicht.

»Nadine«, sagt Hennes ansatzlos, wie das so seine Art ist,

während er vom Beifahrersitz in die halbdunkle Landschaft schaut. »Nadine Krings. Wollte nur mal mit ihrem Hund 'ne kleine Runde gehen. Gestern Abend haben ihre Eltern sich gemeldet.«

»Haben wir nichts von mitbekommen«, sagt Mattes bedauernd.

»War ja auch erst gegen Abend. Bei den Kollegen in Kempen.«

Etwa zwanzig Stunden lang ist die Schülerin ein Vermisstenfall gewesen, wie Hennes erklärt. Gestern, kurz nach 17 Uhr, hat sie ihr Elternhaus in Vorst mit ihrem jungen Langhaardackel und einer Taschenlampe in der Hand verlassen, um ihre gewohnte Tour am nahen Sportplatz entlang zu machen. Dort wurde sie von einem Mitschüler noch gesehen, beide haben einander zugewinkt. Bis dahin war also alles wie immer.

Weil sie gegen 18 Uhr noch nicht zurück war, haben ihre Eltern dann bei Freunden und in Krankenhäusern nachgefragt – und eine Stunde später die Polizei in Kempen eingeschaltet. Die schickte mehrere Streifenbeamte los, die erfolglos die Gegend absuchten. Und setzt heute die Suche fort, mit Helikoptern, Aufrufen im Lokalradio und einem Lautsprecherwagen, der über die Dörfer fährt.

Es bewegt sich aber erst was, als sich am frühen Nachmittag ein jüngerer Autofahrer in der Notrufzentrale meldet. Er ist an der Kempener Straße, der L444, bei Hagenbroich von einem aufgeregten Passanten angehalten worden, der im angrenzenden Waldstück, keine hundert Meter entfernt, eine Tote entdeckt haben will. Das ist jedenfalls die Botschaft, die er im Auftrag überbringt.

Der Zeuge, ein fast fünfzigjähriger Mann, ist Teil der Szenerie, die sich uns beim Eintreffen am Fundort bietet – zusammen mit mehreren Polizisten aus Kempen und einem Notarzt, der den Tod des Mädchens festgestellt hat. Und wie fast alle, denen so etwas passiert, ist er im Grunde erleichtert, dass er sein schockierendes Erlebnis noch mal und noch mal erzählen kann.

Herr Neuner, so der Name, ist auf seinem Mofa mit Anhänger über den Feldweg gefahren, der hier, keine zwei Kilometer hinter Vorst, in einen Mischwald führt. Er hat etwas Tannengrün für den Adventskranz gesucht – und dabei die blutige Leiche eines Mädchens gefunden, auf der ein zitternder Dackel saß. Dann ist er zur Landstraße zurückgeeilt, um dort das erste Auto anzuhalten, das des Weges kommt.

»Ich wär da glatt vorbeigefahren«, sagt er aufgewühlt, »aber dann hab ich den Hund kläffen gehört. Da hab ich so schnell angehalten, dass mir der Bremszug gerissen ist.«

Die Leiche des Mädchens liegt ausgestreckt neben einem Baumstamm, zwei Meter von einem Hydranten-Schild entfernt. Sie weist mehrere Würgespuren sowie über ein Dutzend Stichwunden auf. Einige davon sehen so aus, als wäre ein gelernter Metzger am Werk gewesen. Die violette Kapuzenjacke ist voller Blut und bis zum Nabel hochgeschoben, die graue Jogginghose so heruntergezogen, dass die Unterhose herausschaut. Außerdem sind da noch ein Hundehalsband, ein langer, lila Wollschal sowie deutliche Abdrücke von Reifen und Schuhsohlen. Später entdecken Spurensicherer noch zwei auffällige Polyacrylfasern an der Leiche.

»Ist das Nadine Krings?«, fragt Hennes die Polizisten aus Kempen.

»Ja, ist sie. Beschreibung trifft hundertprozentig zu. Kleidung, Hund, alles.«

Der Rest des Tages ist triste Routine. Zunächst überbringen wir Nadines Eltern die niederschmetternde Nachricht; die Mutter muss wegen ihres Schocks von einem Notarzt versorgt werden. Später treffen zu unseren Kollegen noch drei Gerichtsmediziner aus Aachen sowie zwei Vertreter der Staatsanwaltschaften am Fundort ein. Einer für Krefeld, weil die Tote in dem Zuständigkeitsbereich gefunden wurde, und einer für Gladbach, weil sie in dem Bereich ihren Wohnort hatte. Die Regeln für die Vertreter der Anklage sind so strikt wie unumgänglich.

Die Gerichtsmediziner und Spurensicherer arbeiten noch die ganze Nacht hindurch – und länger. Die freiwillige Feuerwehr aus Viersen stellt einen beheizten Container auf, damit sie sich zwischendurch aufwärmen können. Währenddessen sind wir zurück in Mönchengladbach, um alles Nötige für die »Mordkommision Nadine« einzuleiten. Mit Hennes als leitendem Ermittler und mir als Aktenführer, wie das heißt – seinem Stellvertreter und Organisationsleiter, der die Spuren verteilt, den Kontakt zu anderen Behörden hält etc.

Vielleicht geht auch alles ganz schnell. Diese Hoffnung ist unbewusst immer da, und in dem Fall wird sie von den Kollegen in Kempen genährt. Sie haben uns auf dem Rückweg angefunkt, um von einem Verdächtigen zu berichten. Einem älteren Mann aus der Gegend, der gestern ein elfjähriges Mädchen aus der Nachbarschaft belästigt hat. Und festgenommen wurde, nachdem man auffallende Spuren fand, wie die Dienststelle meldet.

»Sollen wir den Mann hier selber verhören«, hat der Kollege über Funk noch gefragt, »oder macht ihr das?«

»Nee, lasst mal«, hat Hennes gesagt, »machen wir gleich selbst.«

*

Am nächsten Morgen richten wir uns mit fünfundfünfzig Leuten in der Zentrale der Kempener Polizei auf der Orsaystraße ein – darunter Kollegen von der Sitte, Kriminaltechniker und Experten für Jugendkriminalität. Es wird eine nicht ganz so freundliche Übernahme, weil die örtlichen Kollegen dadurch an den Rand ihrer Räumlichkeiten gedrängt werden. Mehr als einmal bekommen wir in nächster Zeit diesen Satz zu hören, der eine kaum verhohlene Klage ist: »Darf ich nachher vielleicht auch mal bitte an meinen Schreibtisch?«

Hier wird am Vormittag der erste *Tagestäter* serviert. Herr Balzer hat die Nacht in Arrest verbracht, nachdem er alles unternommen hatte, um dringend verdächtig zu erscheinen. Am Donnerstagnachmittag, nur wenige Stunden vor der Tatzeit, hat sich der Siebzigjährige mit dem silbernen Haarkranz beim Spaziergang mit seinem Pudel einer Elfjährigen aus der Nachbarschaft genähert. Er bot ihr zuerst fünf, dann zehn Mark, wenn sie sich von ihm »bumsen« lasse, wie er gesagt haben soll.

Darauf ist das Mädchen nach Hause gelaufen, um das Erlebnis seiner Mutter zu erzählen. Es konnte ihr wie später auch den Polizisten, die auf ihren Anruf hin losgeschickt wurden, das Haus zeigen, in dem der Mann wohnt, und hat ihn bei einer Gegenüberstellung zweifelsfrei erkannt. Umgehend wurden dessen Wohnung und Auto, Garage und

Müllcontainer durchsucht. Dabei fanden sich im Haus auch Spuren, die wie getrocknetes Blut aussehen.

Der erste Hinweis, der erste Verdächtige: Damit könnte der Fall fast schon erledigt sein. Aber so simpel ist unsere Arbeit leider selten. Mattes und Rolf verhören Herrn Balzer mehrere Stunden lang. Einmal kann ich ihn durch die Tür hören, als ich über den Flur gehe: »Nee, so was mach ich nicht. Ich bin doch kein Mörder!« Tatsächlich kann er nachweisen, dass er zur Tatzeit zu Hause gewesen ist. Außerdem stellt sich das getrocknete Blut im Hauseingang bei näherer Betrachtung als Rostschutzfarbe heraus.

Herr Balzer ist nur ein »Föttchesfühler«, wie man hier sagt: Er stillt seine nachlassenden Hormonschübe, indem er junge Mädchen belästigt und manchmal zu begrapschen versucht. Für vorsätzliche Tätlichkeiten aber fehlen ihm Kraft und Gewaltbereitschaft.

Also müssen wir uns jemand anderen suchen und gehen das ganze Wochenende hindurch in der Umgebung Klinken putzen. Das ist Hennes' Methode: Möglichst schnell möglichst viele Anwohner befragen, bevor die Beobachtungen verblassen.

Süchteln, Hagenbroich, Oedt: In dem zersiedelten Landstrich zwischen Viersen und Kempen gehen die Dörfer, Weiher und Höfe fast ineinander über. Da kennen sich die meisten zumindest vom Sehen – und registrieren alles, was ihnen fremd vorkommt. Das erhöht die Chance, dass ihnen vielleicht etwas aufgefallen ist. Und seit sich der Mordfall herumgesprochen hat, ist die ganze Gemeinde in hellem Aufruhr. Entsprechend lassen die ersten Hinweise nicht lange auf sich warten.

Ein Mann aus der Nachbarschaft erinnert sich, dass er dem Mädchen mit dem Dackel am Donnerstag nach 17 Uhr am Sportplatz begegnet ist. Er hat seinen Schäferhund zurückgehalten, damit die Tiere sich nicht ins Gehege kommen. Das Mädchen habe sich bedankt und sei dann zögerlich in Richtung Tennisplätze weitergegangen – als würde es auf jemand warten, wie er zu Protokoll gibt.

Eine Frau aus Oedt meldet, sie habe auf ihrer Heimfahrt über die Kempener Straße gegen 18 Uhr auf dem abgehenden Feldweg die Rücklichter eines Autos bemerkt – also dort, wo die Tote gefunden wurde. Nähere Angaben zu Modell und Farbe – es war bereits dunkel – kann sie nicht machen, und außer ihr war niemand im Wagen.

Ein Azubi aus Süchteln sagt, dass er gegen 17 Uhr 45 von einem dunklen Wagen behindert worden sei, als er mit seinem Auto von dem Feldweg, wo die Tote gefunden wurde, in die Kempener Straße einbiegen wollte. Der Wagen habe mitten auf der Straße gestanden und sei dann ohne zu blinken abrupt in den Feldweg eingebogen. Im Fond habe er nur eine grobe Gestalt wahrgenommen, ohne das Gesicht zu sehen.

Bis Sonntagabend haben wir auf diese Weise eine erste Ablaufskizze. Nadine hat mindestens bis halb sechs die übliche Tour mit ihrem Hund gemacht. Irgendwo in der Nähe des Sportplatzes muss ihr Mörder sie dann abgepasst und die fünf Kilometer bis zum Tatort verschleppt haben – vermutlich mit dem Auto, dessen Reifenspuren dort gefunden wurden. Es gibt auch schon einen Hinweis, was für ein Wagen das eventuell gewesen ist.

Eines unserer Teams ist beim Klinkenputzen auf einen

Hauptmann a. D. aus Viersen gestoßen. Er hat zur Tatzeit beobachtet, wie ein roter Wagen auf der Kempener Straße wendete, um in Richtung des Mädchens zurückzufahren; und wie er tatsächlich neben Nadine und ihrem Dackel anhielt. Ein kleiner Plausch unter Bekannten, habe er hinterm Steuer noch gedacht. Es war ein Audi Avant, ist er sich sicher, mit einem »HA« für Hagen im Kennzeichen.

Damit kommt jetzt Methodik in unsere Ermittlungen. Wir treiben in den nächsten Wochen übers Kraftfahrtbundesamt in Flensburg so gut wie alle Avants auf, die in Hagen gemeldet sind, um sie an mehreren Tagen vor Ort auf Spuren zu untersuchen. Faserspuren von Nadines Kleidung wie Spuren von der schwarzen Polyacrylfaser, die darauf gefunden wurden. Es ist keine einfache Leitspur, weil sie nicht von den Sitzen, sondern den Filzen im Wagen stammt, die etwa im Kofferraum, am Boden und auf der Hutablage verarbeitet werden.

Parallel suchen wir fieberhaft nach den Schuhen, die in den Schneeresten am Feldweg deutliche Abdrücke hinterlassen haben. Schicken Herstellern und Händlern die Skizze der Sohlen mit dem markanten Profil und werden an Produktionsstätten zwischen Osnabrück, der französischen Schweiz und Italien verwiesen. Außerdem schalten wir Anzeigen in Branchenblättern der Schuhindustrie (»Die Polizei bittet um Mithilfe«), illustriert mit der Skizze des Sohlenabdrucks:

»Wer Angaben zu der Abdruckspur machen kann (Machart, evtl. sogar Hersteller/Marke) oder eine Kopie der Originalskizze haben möchte, melde sich bitte beim 1. Kommissariat, Mordkommission, Orsaystraße 3, 47906 Kempen, Telefon …«

Von nun an vergeht kaum ein Tag, an dem wir nicht wieder Faserproben in die Labors des LKA Düsseldorf chauffieren. Oder uns in Schuhfabriken und -geschäften tummeln, um die eine richtige Sohle zu finden. Innerhalb weniger Wochen ist das bei mir eine richtige Macke geworden. Sie fällt sogar meiner Freundin auf, weil ich samstags auf der Hindenburgstraße in Mönchengladbach plötzlich freiwillig in die Schuhgeschäfte renne. Dort drehe ich alle Modelle um: Turnschuhe, Arbeitsschuhe, Gummistiefel.

»Was willste denn jetzt überhaupt für Schuhe?«, fragt sie mich einmal, als wir schon im dritten Geschäft stehen. Endlich mal vertauschte Rollen.

»Och, nur mal gucken ...«

Leider haben wir wenig Glück mit dieser Sohle. Ihre Abdruckskizze wird im LKA in Düsseldorf zwar noch vervollständigt und an die Kollegen in Hannover geschickt, wo das LKA Niedersachsen eine stattliche Sammlung von Sohlenabdrücken aller nur denkbaren Schuhe für Abgleiche bereithält, doch so ungewöhnlich das Profil mit den schräg laufenden Rillen erscheint, so wenig ist es einem Markenschuh zuzuordnen. Eine »Industriesohle« aus Taiwan, die von vielen Herstellern verarbeitet wird.

Und auch die Suche nach der Leitfaser bringt vorerst keine Ergebnisse. Insgesamt werden von unseren Teams fast siebzig Audi Avant mit Hagener Zulassung untersucht, ohne dass sich im Abgleich der Fasern ein Treffer einstellt. Dazu kommen die Wagen von Nadines Familie, Verwandten, Nachbarn und Bekannten aus dem Umfeld, die wir ebenso untersuchen.

Da meldet sich im Dezember, zwei Wochen nach dem

Mord an Nadine, ein Textilarbeiter aus Oedt. Er will beobachtet haben, wie ein roter Wagen zur Tatzeit auf dem Feldweg stand, der auf die Kempener Straße führt. Ich stehe zufällig in Mattes' Tür, als er den Anruf entgegennimmt, und bleibe einfach stehen.

»Und Sie sind sicher, dass es ein Opel Astra … Haben Sie denn darüber hinaus noch … Aha … Ja, gut … Okay … Am besten, Sie kämen hier vorbei … Richtig, im Zentrum. Orsaystraße 3 … Prima … Bis morgen!«

Kaum hat er aufgelegt, schaut Mattes über seine Schulter. »Na, alles mitbekommen?«

»Leider nur die Hälfte. Klang aber interessant.«

»Der Mann hat ein Auto gesehen. An dem Feldweg, wo Nadine gefunden wurde. Mit eingeschaltetem Licht und Viersener Kennzeichen. Kommt auch in etwa mit der Zeit hin. Nur wär das 'n Opel Astra, kein Avant.«

»Trotzdem. Lass ihn erst mal kommen.«

*

Es gibt Zeugen, die, während sie schon der Polizei von ihren Beobachtungen berichten, noch dreimal überlegen, ob sie sich wirklich absolut sicher sind. Entgegen der landläufigen Meinung von Laien sind das die besten Quellen, die es gibt. Weil ihre Gewissenhaftigkeit die beste Gewähr bietet, dass sie einem »nix verzellen«, wie man bei uns sagt. Und dann gibt es Zeugen wie Herrn Tigges, den Textilarbeiter aus Oedt, der uns an einem Vormittag Mitte Dezember in Kempen aufsucht.

»Hundertpro!«, sagt er postwendend, als Mattes ihn fragt, ob er sich bei dem Modell des Fahrzeugs, das da auf dem

Feldweg nahe dem Wasserwerk gestanden hat, wirklich sicher sei. Immerhin war es zu der Zeit schon dunkel; wer kann da außer dem eingeschalteten Abblendlicht schon eindeutige Details erkennen? Offenbar aber gehen Herrn Tigges unsere Nachfragen gegen seine Ehre als Kenner, ja vielleicht sogar als Mann.

»Ich werd ja wohl noch 'n Astra von 'nem Avant unterscheiden können«, sagt der untersetzte Mann mit dem buschigen, rotblonden Haar sehr bestimmt. Es prangt in dichten Büscheln an den Augenbrauen, den Koteletten und im Ausschnitt seines leicht geöffneten Baumwollhemds. »So was sieht man doch. Könnt ihr mir meinetwegen auch die Augen verbinden.«

Also haben wir nun zwei Modelle, nach denen wir fahnden, und einen zweiten Reihentest. Ab sofort überprüfen unsere Teams alle roten Astra Kombis, die im Kreis Viersen gemeldet sind. Am Ende werden exakt 699 Wagen ermittelt und auf Spuren abgeklebt.

Fleißarbeit pur, denn in jenen Tagen, die mir aus Sicht des einundzwanzigsten Jahrhunderts wie die Steinzeit vorkommen, brauchte fast alles, was wir in die Wege leiteten, etwas länger, als wir das inzwischen gewohnt sind. Wenn ich eine Anfrage an das Kraftfahrtbundesamt in Flensburg stellen wollte, habe ich mehrere Blatt Papier mit Blaupausen dazwischen in die gute, alte Olympia-Schreibmaschine gespannt. Manche Buchstaben schlugen noch kräftig durch das Farbband durch, andere nur schwach. Das fertige Schreiben schickte ich anschließend per Fax nach Flensburg – und erhielt einige Tage später ein mehrere Kilo schweres Paket mit mehreren Tabellierbändern, die alle

Wagen nach vorgegebenen Rastern (Modell, Farbe, Kennzeichen) auflisteten.

Irgendwo in Kempen gab es tatsächlich schon ein schweres Exemplar jener Erfindung, die man Computer nennt. Wenn wir damit auf die bundesweiten Dateien der Polizei zugreifen wollten, mussten wir erst das LKA in Düsseldorf einschalten. Dort wurde dann mit viel Getöse und für noch mehr Gebühren eine Standleitung aktiviert. Am Ende aller Anfragen nach Massendaten aber saß Kriminalkommissar Thiel, der die Angaben auf der Olympia abtippte, damit die Spuren abgeheftet und an die Teams aufgeteilt werden konnten ...

Wir bleiben also emsig zur Weihnachtszeit, während die Ermittlungen in immer mehr Richtungen laufen. Überprüfen Autos, hören uns auf dem Sportplatz um, in den Kneipen sowie bei Jägern und allen Hundezüchter-Vereinen im Kreis Viersen. Und gehen jedem Hinweis nach, der eine neue Spur verspricht – oft genug ein Job für Sisyphos.

Wenige hundert Meter entfernt wird im Zuge der Tatortabsicherung auf der Kempener Straße ein Taschenbuch mit sadomasochistischen Inhalten gefunden. Leider gibt es keinerlei Anhaltspunkte, wer es hier warum verloren oder bewusst entsorgt hat.

Ein Spaziergänger entdeckt auf halber Strecke zwischen Nadines Wohn- und Auffindeort ein Schlachtermesser. Ein wissenschaftliches Gutachten der Aachener Rechtsmedizin ergibt aber Tage später, dass es mit seiner kurzen Klinge nicht als Tatwaffe in Frage kommt.

Eine Reinigung in Viersen meldet, dass eine Stoffhose mit Blutflecken abgegeben worden ist. Wie sich schnell herausstellt, stammt das Blut vom Besitzer, der sich bei Gartenarbeiten die Hände aufgeschrammt hat.

Ein anonymer Anrufer bezichtigt sich am Telefon selbst, Nadine getötet zu haben. Wegen eines technischen Fehlers ist der Anschluss nicht genau festzustellen. Wir geben sogar eine umfassende Stimmenanalyse beim LKA in Auftrag, forschen nach – und landen schließlich beim Insassen einer psychiatrischen Klinik in Süchteln.

Unterdessen schicken wir immer wieder neue Spuren in andere Labors. Einmal landen dabei ein paar Haare, die Nadines Sachen anhafteten, im Deutschen Wollforschungsinstitut an der TH Aachen. Dort findet man mit großem Aufwand heraus, dass sie von Kaninchen stammen müssen. Das ist symptomatisch für unsere vielen, glücklosen Bemühungen.

Und dann, bald nach Neujahr, fällt der forsche Herr Tigges doch noch um. Möglicherweise sei es nicht unbedingt ein Astra Kombi gewesen, erklärt er bei einer zweiten Vernehmung, sondern »etwas Ähnliches in dieser Art«. Jedenfalls rot, irgendwie, und wohl aus Viersen oder so. So ganz genau möchte er sich da nicht mehr festlegen, das könnten wir doch sicher verstehen.

Es gibt Momente, wo Ermittler ihre Zeugen »umbringen« könnten, und dies ist so einer – zumal die Soko Nadine ohnehin schon auf der Stelle tritt: lauter Baustellen, viele Ansätze und am Ende des Tunnels kein Licht. Es ist ja nicht so, dass wir von Tag zu Tag zu neuen Erkenntnissen schreiten. Wie überall geht es auch bei der Kriminalpolizei manchmal nicht weiter. Dann hältst du dich an Routinearbeiten fest und hoffst auf einen neuen Anstoß:

irgendein Ereignis, das von außen neue Bewegung in den Fall bringt.

Und manchmal passiert das tatsächlich.

Am Freitag, den 14. Januar 1994 erreicht uns gegen Abend die Nachricht von einem weiteren Übergriff. Wir stehen gerade mit Pilsgläsern und Sektflöten auf dem traditionellen Neujahrsempfang, den die Gladbacher Mordkommission vor allem für ihre Ehemaligen im »Haus Erholung« am Abteiberg gibt, als uns Kollegen aus dem Präsidium anrufen. Irgendein Unbekannter hat am Morgen eine siebenjährige Schülerin aus Odenkirchen auf dem Schulweg entführt, vermutlich sexuell missbraucht und bewusstlos gewürgt. Und wenn es stimmt, was sie selber sagt, war er mit einem roten Auto unterwegs.

*

Die Leute, die in der zweiten Hälfte ihres Lebens in die Gegend von Brüggen ziehen, haben meist genug vom Lärm der Welt. Für sie sind die alten Bruchwälder, die westlich von Mönchengladbach bis an die Grenze reichen, das grüne Dach einer stillen Zuflucht. Das gilt auch für Helma und Frieder Knuppertz, die nahe der Brachter Mühle ein frei stehendes, altes Backsteinhaus ausgebaut haben. Ein heimeliges Nest für zwei Angestellte im öffentlichen Dienst, die ihre Wochenstunden bereits reduziert haben.

Am 14. Januar klingelt es hier unvermutet an der Tür. Davor steht ein Mädchen, das nicht recht weiß, wo es sich befindet. Es ist in einen Bus gestiegen, um nach Hause zu kommen, aber hier ist sie ein Stück weit von zu Hause weg. Nun fragt es höflich, ob es mal die Eltern anrufen dürfe.

Später werden die Knuppertz sagen, dass Andrea Swart »sehr aufgebracht« gewirkt habe. Zunächst aber fallen ihnen die deutlichen Striemen am Hals des Kindes auf, als wäre sie stranguliert worden. Etwas in der Art dürfte auch passiert sein, wie anderntags, nach vorsorglicher Einweisung in ein Krankenhaus, rückgeschlossen wird.

Andrea ist ein erstaunliches Mädchen. Sie kann sich an viele Details ihres traumatischen Erlebnisses erinnern. Es sei ein rotes Auto gewesen, in das sie gegen acht gezerrt worden ist, als sie auf dem Weg zur Grundschule war. Darin habe an der Seitenscheibe ein grasgrüner Kunststoff-Frosch geklebt und am Rückspiegel ein Pandabär im weißen Karateanzug gebaumelt. Der Fahrer sei mit ihr in einen Wald gefahren, wo sie zusammen spazieren gegangen seien – bis er sie plötzlich zu würgen begonnen habe. An diesem Punkt reißt ihr Film.

Die Spermaspuren, die auf Andreas Anorak entdeckt werden, deuten allerdings auf eine zweite, noch üblere Geschichte hin. Das ist die Geschichte, die das Mädchen bei mehreren Befragungen durch einen Kinderpsychologen im Beisein zweier Polizisten hartnäckig verschweigt. Die ist vorerst in eine geheime Kammer in seinem Gedächtnis gewandert, die sich erst viele Jahre später wieder öffnen wird. Und die Würgemale am Hals stammen tatsächlich von einer »Strangulation durch ein Werkzeug«, wie Gerichtsmediziner aus Aachen nach eingehender Untersuchung attestieren.

Jetzt haben wir neben Nadine noch eine weitere Ermittlungskommission. Und auch in dieser geht es, juristisch betrachtet, letzten Endes um Mord. Wer alles darangesetzt hat, jemanden zu töten, wird vor Gericht wegen Mordes belangt, auch wenn das Opfer überleben konnte. Diese Kommission wird ab sofort von Georg »Schorsch« Schubert geleitet, unserem Dienststellenleiter mit dem fotografischen Gedächtnis, und richtet sich mit zehn, zwölf Leuten im Gladbacher Präsidium ein.

Die Parallelen zwischen beiden Fällen sind auffällig genug, um über einen einzigen Täter nachzudenken. Irgendwer ist in dieser Region womöglich in einem roten Wagen unterwegs, um minderjährige Mädchen aufzugreifen. Er missbraucht diese Mädchen, erwürgt sie – oder versucht es zumindest – und wirft sie anschließend in den Wald. Das wirkt nicht besonders gut vorbereitet, doch bisher kommt er damit durch. Was die Befürchtung nahelegt, dass er weitermacht.

Schon melden sich die ersten Journalisten, die von Andrea Swarts Geschichte gehört haben. Der Fall Nadine ist ja noch keine zwei Monate her. Es sind die ganz Schlauen, die jedes Mal das Gras wachsen hören. So wie der jüngere Reporter von Radio 90,1, dem Gladbacher Lokalfunk, der mir eines Mittags fast ins Ohr kriecht.

»Suchen Sie denn jetzt nach ein und demselben Täter, Herr Thiel? Es sieht ja so aus, als wenn da jemand immer auf die gleiche Art vorgeht. Vielleicht einer aus der Region …«

Aber Schorsch und Hennes haben mit uns schon eine Linie besprochen: Alles kleinreden, was auf Übereinstimmungen hinweist. Wenn hier erst mal die Angst vor einem Serientäter umgeht, ist es mit dem Landfrieden vorbei.

»Wir müssen jetzt vor allem aufpassen, dass wir hier keine voreiligen Schlüsse ziehen«, entgegne ich. »Noch sind das zu wenige Anhaltspunkte. Natürlich tauschen sich die beiden Ermittlungskommissionen aus. Aber das ist normaler Alltag bei der Kripo.«

Drei, vier Wochen lang arbeiten die Kommissionen parallel. Dann wird die Soko Nadine in ihrer Stärke deutlich runtergefahren und ausquartiert. Mitte Februar, an Altweiber, geben wir den Kempener Kollegen ihre Schreibtische zurück, packen alle Unterlagen in Umzugskartons und fahren damit ins Gladbacher Präsidium. Dort mischen wir uns noch unter die Karnevalsparty, die gerade in Schwung kommt. Unsere Laune könnte allerdings besser sein: Es gibt so gar nichts, was wir feiern könnten.

Die Kollegen, die sich um den Fall Andrea Swart kümmern, haben uns gegenüber zwei Vorteile: Die Eltern des Opfers sind sehr kooperativ; dazu hat ihr Kind die Gewalttat überlebt. Eines Tages werden sie von ihrer Tochter sicher mehr erfahren. Außerdem meldet sich bald nach der Tat ein Zeuge, der am Morgen des 14. Januar gesehen haben will, wie ein Mädchen an einem Ort, der zu unseren bisherigen Ermittlungsergebnissen passt, in einen roten PKW gestiegen sei. Nach seinen Angaben wird eine Phantomzeichnung vom mutmaßlichen Täter erstellt, die von nun an alle Plakate und Aufrufe illustriert.

Jetzt hat Andreas Entführer in etwa ein Gesicht und ein Auto. Für eine wirklich heiße Spur reicht es trotzdem nicht, weshalb die Kommission im Frühsommer wieder etwas heruntergefahren wird. Irgendwann sind alle Nachbarn, Verwandte, Mitschüler und Lehrer befragt, sämtliche Spuren und Hinweise abgearbeitet und archiviert. Dann kommt auch die größte, tollste und bestausgerüstete Soko der Welt nicht entscheidend weiter.

*

Bis wir im August 1994 durch Pressemeldungen von der Festnahme eines Deutschen durch die französische Polizei erfahren: Ein 34-jähriger Mann aus Heinsberg steht in dringendem Verdacht, auf einem Campingplatz in Soulac-sur-Mer an der Atlantikküste ein neunjähriges Mädchen aus München sexuell missbraucht und ermordet zu haben.

Wir sind noch dabei, von den französischen Stellen Näheres zum Fall anzufragen – eine Prozedur, die ein halbes Jahr vor der Einführung von Computern bei der bundesdeutschen Polizei einige Zeit in Anspruch nimmt –, da kommt mein Kollege Rolf Schrey eines Morgens mit der *Rheinischen Post* in mein Büro. Er hat die Seite in der Regionalzeitung, um die es geht, nach oben umgeschlagen und legt sie nun betont behutsam auf meinen Schreibtisch. Achtung: Überraschung.

»Hier«, sagt er währenddessen, »guck dir den mal an.«

Die große Tageszeitung am Niederrhein bringt an diesem Tag nicht nur einen Bericht zu dem Verdächtigen, sondern zeigt auch ein Foto von ihm. Es ist das eher unscheinbare Gesicht eines schmächtigen Mannes, der wie überrumpelt in die Kamera schaut: die Arglosigkeit in Person. Die Übereinstimmung mit der Phantomzeichnung vom Fall Andrea ist allerdings verblüffend.

Hans-Peter Abts, wie der Tatverdächtige heißt, ist auf dem französischen Campingplatz, auf dem er mit drei Freunden gezeltet hat, verhaftet worden. Verschiedene Spuren weisen darauf hin, dass er hier die neunjährige Lena Helmich in seine Gewalt gebracht, vergewaltigt und ermordet hat. Es wäre nicht seine erste Straftat, wie erste Recherchen ergeben. Sechs Jahre zuvor hat er schon einmal eine Frau getötet, und zwar in Heinsberg. Er wurde wegen Totschlags verurteilt, und vor etwa einem Jahr hat man seine achtjährige Haftstrafe zur Bewährung ausgesetzt.

Hier ist also ein Mann, der einen räumlichen Bezug zu unseren Fällen aufweist und nachweislich schon einmal eine Grenze überschritten hat. Zwei gute Gründe für unsere beiden Kommissionen, sich näher mit Hans-Peter Abts zu beschäftigen. Dazu kommt, was uns kurz darauf die Eltern von Andrea erzählen. Sie haben ihrer Tochter das Foto aus der Zeitung vorgelegt. Andrea hat keine spontane Reaktion gezeigt, doch wenig später fing sie an, am ganzen Körper zu zittern, und klagte über Kopfschmerzen.

»Wir müssen jetzt ganz schnell ganz viel mehr über Abts erfahren«, entscheidet Hennes Jöries am nächsten Morgen, während er aus dem Fenster seines Büros schaut. Mit »wir« meint er Mattes und mich. Es ist der Startschuss für Ermittlungen im Umfeld, die noch mehr Evidenz zutage fördern werden.

Schon die Akte zur ersten Gewalttat, die wir anfordern, ist ein Knüller. Hans-Peter Abts hatte Marie-Luise Szepan, eine sechzigjährige Nachbarin, erschlagen, nachdem er mit ihr wegen Lärms in Streit geraten war. Er erschlug die Frau im Affekt und entsorgte ihre Leiche am späteren Abend auf etwas skurrile Art.

Abts umwickelte die Tote mit alten Fahrradschläuchen aus dem Keller, hievte sie in einen Einkaufswagen und fuhr damit unbemerkt quer durch seinen Wohnort, um sie in einen Abwasserkanal zu werfen. Sechs Monate später wurde die Leiche an einem Wehr entdeckt, wo sie den Abfluss verstopfte. Die Spur führte nach den ersten Befragungen im

Haus direkt zum Täter, der sich schnell in Widersprüche verwickelte. So lange, bis er schließlich umfassend gestand.

In den nächsten Tagen bringen wir noch ein anderes Detail in Erfahrung. Abts hat zu der Zeit, als Nadine entführt und ermordet wurde, als Hilfskraft in einer Fabrik gearbeitet. Am Tag nach ihrem Verschwinden hat er sich ohne ärztliches Attest krankgemeldet und ist nie wieder auf seiner damaligen Arbeitsstelle aufgetaucht.

Beharrlichkeit sei eben nicht sein Markenzeichen, erfahren wir von einem seiner Brüder, der in der Gegend wohnt. Hans-Peter Abts sei mit den Jahren »immer merkwürdiger« geworden, wie er erzählt: »Der lief hier mit Kumpels rum, die würden Sie nicht mal als Feinde haben wollen.«

Und dann, im Oktober, reden wir mit einer früheren Freundin des Verdächtigen. Elke Zerbe hat sich bei uns gemeldet, nachdem sie aus der Presse von der Verhaftung ihres Ex erfuhr. In ihrer Wohnung berichtet sie, wie sie den Hans-Peter bei ihrem letzten gemeinsamen Telefonat auf den Mordfall Nadine angesprochen hat. Er sei schließlich am gleichen Tag in der Gegend gewesen, um mit ihr über die gemeinsame Beziehung zu reden – zehn Wochen nach deren Beginn. Da habe sie gerade mit ihm Schluss gemacht. »Erst isser alle paar Tage aufgetaucht, auch ganz plötzlich«, sagt sie, »und dann war fast nix mehr von ihm zu sehen. Dann hieß et, ja, hab wieder Spätschicht und so …«

Die Frau mit der randlosen Brille müht sich redlich, das alles so beiläufig wie möglich zu erzählen – als wäre das alles schon fünfzig Jahre her. Mattes und mir geht es aber weniger um die private Geschichte dahinter. Wir möchten rausfinden, wann und wie Abts in diese Gegend gekommen ist. Ob er dabei einen Wagen zur Verfügung hatte, und wenn ja, was für einen.

»Also«, sagt sie und zieht noch mal ausgiebig an ihrer Zigarette. »Erst hatte er so 'n alten Golf am Start, 'n weißen. Aber nich' lange. Und dann kam er öfter mit 'nem roten Audi. Audi 80, glaub ich.«

»Und was hat er gesagt«, fragt Mattes endlich, »als Sie das von Nadine erwähnten?«

»Nichts so richtig. Dass er an dem Tag nach mir gesucht und sonst nix mitbekommen hat. Irgendwie so was.«

»Und das haben Sie ihm geglaubt?«

»Weiß nicht mehr.« Jedenfalls habe sie ihn an dem Tag nicht mehr gesehen, und er habe sich auch danach nicht mehr gemeldet.

Wir sind schon wieder auf der Rückfahrt, Mattes und ich, als ich die Abläufe dieses 25. November 1993 auf einmal sehr viel klarer sehe. Ein Mann in einem geliehenen roten Audi, der noch mal bei einer Frau landen will. Und eine Frau, die sich ihm jetzt entzieht. Dazu ein zwölfjähriges Mädchen, das ihm allein mit seinem Hund an der dunklen Landstraße begegnet. Es ist kein schönes Bild, das sich da zusammenfügt, aber vermutlich eines, das uns der Wahrheit näher bringt.

Spätestens jetzt sind wir überzeugt, dass der Campingplatz-Täter auch »unser« Täter ist. Wir müssten ihn nur möglichst bald selbst vernehmen, um ihn mit unseren Ermittlungen zu konfrontieren. Aber das ist eine Sache der Justizbehörden zweier Staaten, in denen der dringend Tatverdächtige gewildert hat. Und so was kann dauern.

*

Am 18. November 1994, fast ein Jahr nach dem gewaltsamen Tod von Nadine Krings, stellt der Leitende Oberstaatsanwalt in Mönchengladbach ein Rechtshilfeersuchen an »Monsieur le Procureur General« in Bordeaux. Darin wird um einen Termin zur Vernehmung von Hans-Peter Abts, zurzeit in Haft in Gradignan bei Bordeaux, sowie um eine »Blutentnahme zwecks Durchführung einer Genanalyse« gebeten. Dem mehrseitigen Schreiben ist ein Beschluss des Gladbacher Amtsgerichts gemäß Paragraph 81a der deutschen Strafprozessordnung beigefügt, der die Entnahme einer Blutprobe anordnet.

Damit werden die weiteren Ermittlungen in den beiden ungelösten Mordfällen der Gladbacher Kripo zu einem bilateralen Akt mit seinen ganz eigenen Komplikationen. Zwei deutsche Polizeibeamte, die einen tatverdächtigen Deutschen in französischer Haft vernehmen und mit einem deutschen Blutauffangbehälter noch eine Blutprobe entnehmen sollen – das will auf höchster administrativer Ebene gut vorbereitet sein. Also wandern zwischen Bordeaux und Mönchengladbach Schriftstücke hin und her, bis im Januar 1995 endlich die Genehmigung für einen Termin mit Abts vorliegt.

Nun können meine Kollegen Mattes und Mike Klösters am 25. Januar, zwei Monate nach dem Rechtshilfeersuchen, auf große Dienstfahrt nach Südwestfrankreich gehen. In Gradignan, einer kleinen Stadt bei Bordeaux, ist das Gefängnis, wo der deutsche Häftling auf seinen Mordprozess wartet.

Die Vernehmung gestaltet sich in ihrer äußeren Form nicht einfach; jedes gesprochene Wort muss fürs Protokoll zuerst ins Französische übersetzt werden, bevor es weitergehen kann – obwohl beide Parteien einander längst verstanden haben. Ansonsten haben meine Kollegen es mit Hans-Peter Abts denkbar einfach. Er möchte reinen Tisch machen und bekennt sich ohne Umschweife zu den Gewaltverbrechen an Nadine Krings und Andrea Swart.

Abts weiß um die Tragweite seiner Aussagen, die besondere Schwere seiner Schuld ist ihm voll bewusst. Es ist ihm aber wichtig zu betonen, dass er seine Verbrechen bereut, und zwar alle. Irgendwas sei da immer stärker gewesen als er selbst, sagt er und scheint, wie es mir meine Kollegen später schildern, auf seinem Stuhl im Besucherraum des Gefängnisses von Minute zu Minute zu schrumpfen. Der Serienkiller ist jetzt ein Häufchen menschliches Elend.

Mattes und Mike haben nur wenige Stunden, um von dem Gefangenen in Gradignan das Wichtigste zu erfahren, aber das ist entscheidend genug. Bevor sie sich auf den Rückweg machen, rufen sie Hennes und mich an. Sie finden uns auf der Dienststelle in Kempen, wo wir mit einigen Kollegen dabei sind, eine neue Untersuchungskommission einzurichten. Heute Morgen ist in St. Tönis eine Kassiererin bei einem Raubüberfall auf einen Supermarkt getötet worden.

»Abts ist geständig«, berichtet Mattes mir, »und zwar in beiden Fällen. Wir konnten zweimal mit ihm sprechen. Stellt schon mal Sekt kalt.«

»Da wird so schnell nix draus«, bedaure ich, »wir bleiben erst mal in Kempen. Hier ist grad' wieder was passiert.«

Zwei Verbrechen, die gerade so gut wie aufgeklärt worden sind, und noch am selben Tag ein neues: So wie das Leben selbst kennen auch Mord und Totschlag keine Pause. So ganz können wir von dem Mann in Gradignan aber noch nicht lassen. Die Angaben, die er zu den Mordfällen gemacht hat, sind noch sehr pauschal und lückenhaft. Und wer sagt denn, dass er nicht auch noch für weitere Gewalttaten verantwortlich ist?

Wir bemühen uns also weiter darum, Hans-Peter Abts ausführlicher vernehmen zu können. Dafür muss ihn die französische Justiz jedoch an uns ausleihen, wenn man so will. Und auf diesen Staatsakt werden wir noch beinahe fünf Jahre warten. Bis zum 29. November 1999 um 11 Uhr 30, genau gesagt, wenn das SEK-Kommando aus Paris ihn der Mönchengladbacher Polizei in Vertretung der deutschen Justiz am Grenzschutzamt Saarbrücken für neun Monate überlässt.

*

Der kleine Mann in den Handschellen, den wir an diesem Nachmittag im Gewahrsam der Gladbacher Polizei abliefern, ist ein unproblematischer Fahrgast gewesen. Etwas ist Rolf und mir dennoch aufgestoßen, und ich sage es ihm, als wir alle auf dem Parkplatz des Präsidiums stehen.

»Gib mir mal deine Klamotten, Pille, und lass dir hier neue geben. Du stinkst nämlich wie 'n Iltis.«

»Und was passiert dann damit?«

»Das einzig Richtige: Die kommen in die Waschmaschine.«

»Ham die denn so was hier?«

»Nee, aber ich. Bei mir zu Hause.«

Am nächsten Tag bringe ich die frisch gewaschenen Klamotten mit, die seit dem Mord auf dem Campingplatz am

Atlantik nicht gereinigt wurden. Das und die Tatsache, dass ihm zwei Leute aufmerksam zuhören, wird in den nächsten acht Tagen die Zunge unseres Gefangenen lösen. So breitet sich vor Rolf und mir allmählich ein Leben aus, das im Grunde nie richtig in Gang gekommen ist.

Hans-Peter Abts erzählt von seiner Kindheit, in der er selbst viel hat erleiden müssen. Ein deutlich älterer Bruder habe ihn das erste Mal sexuell missbraucht, als er gerade fünf, sechs Jahre alt gewesen ist. Bald zieht er es vor, lieber gar nicht beachtet zu werden, als ständig das Opfer zu sein. Nur wenn er Fußball spielt, auf Bolzplätzen wie im Verein, zollen sie ihm Respekt. Dann ist er ›Pille‹, der die meisten wie nach Belieben *nassmachen* kann.

Nach der Schlosser-Lehre jobbt er mal hier, mal da und wohnt weiter bei den Eltern. Und irgendwann ist er dreißig und steht immer noch nicht in seinen Schuhen. Ablehnung, besonders durch Frauen, verletzt ihn nicht nur, sondern trifft mitten ins Ego – und wenn das passiert, ist alles möglich. Dann wird aus dem Opfer ein grausamer Täter. Das erste Mal überschreitet er mit dem Totschlag an der Nachbarin eine Grenze.

Als »die Elke« ihn im November 1993 »ins Leere laufen« ließ, so schildert Abts, sei er »wie meschugge« über die Landstraßen gefahren. Dort griff er sich dann das Mädchen, das mit ihrem Dackel unterwegs war, und drückte es in den Fußraum auf der Beifahrerseite. Darum also die Spuren von schwarzem Filz, die an der toten Nadine gefunden wurden. Im Waldstück bei Hagenbroich habe er das Mädchen gezwungen, ihn zu befriedigen, und es anschließend stranguliert und erstochen.

Im Januar 1994 dann fast die gleiche Situation: Er will sich mit einer neuen Bekannten aussprechen, die in Rheydt kellnerte – nur hat die kein Interesse mehr daran. Da sei er mit dem Audi seines Bruders stundenlang durch die Nacht gefahren, erzählt er, bis er am Morgen dieses Mädchen auf dem Schulweg entdeckt habe, das er später stranguliert und in dem Glauben, die Kleine wäre tot, einfach liegen gelassen habe.

Wenigstens den arglosen Schülerinnen konnte der kleine, nicht gerade selbstbewusste Mann seinen Willen diktieren. Endlich den Weibern eine klare Ansage geben, auch wenn es in Wirklichkeit noch Mädchen waren; endlich ein bisschen Macht ausüben.

Hans-Peter Abts genießt es, dass wir ihm zuhören. Stundenlang, tagelang. Er genießt es aber nicht, von seinen Taten zu erzählen – weil dann wieder alles hochkomme, wie er sagt. Einmal pustet er mächtig Luft aus, während er die Abläufe schildert – wie ein Gewichtheber, der gleich eine mächtige Last nach oben drücken soll. »Ich hab richtig schwer Scheiße gebaut«, entfährt es ihm, »weiß ich selber.«

Da seien ja nicht nur die vier Übergriffe, zu denen er sich schon bekannt habe – sondern insgesamt noch sieben weitere Versuche, die er abgebrochen habe. Sieben weitere Male, wo er drauf und dran war, »Scheiße zu bauen«, und es »nicht durchziehen« konnte.

Ein Mädchen aus Holland habe sich heftig gewehrt. Ein anderes Mädchen habe er schon ausgezogen gehabt, als ihm ein Bauer auf seinem Trecker in die Quere gekommen sei. Ein-, zweimal hätten ihn auch Radfahrer gestört.

Hans-Peter Abts hätte frühzeitig Hilfe gebraucht, dann

wäre diese furchtbare Serie vielleicht nicht ins Rollen gekommen. Und er hat diese Hilfe sogar gesucht, wie er Rolf und mir versichert.

Bald nach dem Mord an der Nachbarin habe er sich an den Pastor einer benachbarten evangelischen Gemeinde gewandt, der ihm vertrauenswürdig erschien. Er habe ihm gestanden, dass er einen Menschen getötet hatte und nun spüre, dass dieser Drang wieder hochkommen könnte. Der Geistliche habe ihm aber nur zugesichert, dass er das Beichtgeheimnis für sich behalte, und ihm geraten, sich an einen Therapeuten zu wenden.

Hätte dieser Geistliche damals gleich die Polizeibehörden eingeschaltet, hätten vielleicht zwei Sexualmorde, ein Mordversuch und die abgebrochenen Übergriffe verhindert werden können. Stattdessen wilderte Abts so lange weiter, bis ihn die französische Gendarmerie am Atlantik festnahm.

Das ist eines der furchtbarsten Resultate aus den Verhören, die Rolf und ich acht volle Tage lang durchführen. Im am weitesten abgelegenen Zimmer, das sich im Gladbacher Präsidium dafür finden lässt – damit wir die nötige Ruhe haben.

Jeden Morgen geleiten wir den Gefangenen aus dem Gewahrsam wieder diesen langen Gang in den Besprechungsraum hinüber, und jedes Mal haben wir dabei wieder Publikum. Einige Beamte stehen immer zufällig auf dem Gang, um den hundertprozentig echten Serienmörder einmal mit eigenen Augen und ganz aus der Nähe zu sehen. Es sind die gleichen Kollegen, die nicht verstehen können, wie sie halblaut sagen, dass wir dieses ›Monster‹ in unserem Rücken mitunter kaum beachten, während wir mit ihm durch die Etage gehen. Oder ihn sogar Pille rufen und so mit ihm wie mit einem *normalen Menschen* umgehen.

Aber für Rolf und mich ist er nun mal kein Monster, selbst wenn er gewaltiges Leid über seine Opfer und deren Familien gebracht hat. Für uns ist er tatsächlich Pille, der ganz viel »Scheiße gebaut« hat. Die Menschen, die dabei getötet wurden, werden nicht wieder lebendig, wenn wir ihn drangsalierten. Und je mehr Würde wir ihm lassen, desto mehr werden wir von ihm hier erfahren. Es wäre also nicht nur verwerflich, ihn schlecht zu behandeln, sondern auch regelrecht dumm.

Nach acht Tagen hat uns Abts alle Umstände seiner Taten geschildert, an die er sich halbwegs erinnern kann – zumindest sagt er das. Dabei hat er zu großen Teilen auch sein Leben erzählt, so ausführlich wie wohl nie zuvor. Nun wird es Zeit, ihn an den Strafvollzug zu übergeben, damit ihm hierzulande bald der Prozess gemacht werden kann. Noch ist er nur dringend tatverdächtig in drei schweren Fällen und sieben weiteren Versuchen.

Wieder sind es Rolf und ich, die ihn vormittags in die Düsseldorfer Justizvollzugsanstalt Ulmer Höhe bringen. Und wieder ist da auf einmal dieser enttäuschte Blick, den ich schon mal im Rückspiegel gesehen habe, nachdem Rolf ihm in Saarbrücken Handschellen angelegt hatte. Diesmal trifft er mich, als wir an der Schleuse der JVA stehen und er das Holster und die Dienstpistole an meiner Hüfte bemerkt.

»Ich hab dir doch gesagt, dass ich keine Scheiße bau«, sagt er, »traust du mir denn immer noch nicht?«

*

Das wäre normalerweise das Letzte gewesen, was ich von Pille Abts zu sehen und zu hören bekomme. Über ein Jahr später aber, nachdem er wieder nach Frankreich überstellt worden ist, erreicht mich ein Anruf aus der Haftanstalt im Elsass. Und ich erkenne die Stimme, der ich mal eine ganze Woche lang zugehört habe – auch wenn er sich jetzt nicht unter seinem Namen meldet: »Kommissar Schmitz, Kripo Saarbrücken. Wie läuft's denn bei euch so?«

In seinem Knast bei Colmar darf Abts genau zwei Telefonate pro Woche führen. Eine der beiden Nummern, die er dazu angemeldet hat, ist die seiner Mutter. Die andere ist meine Dienstnummer in Mönchengladbach. Ich bin eines von zwei Fenstern, durch die er da unten ab und zu in seine Heimat blicken möchte. Und jemand, der ihn ernst genommen hat, als wir miteinander zu tun hatten.

Von nun an ruft der »Kommissar« aus Saarbrücken immer wieder mal an. Er kann zu bestimmten Umschlusszeiten zwar fernsehen, aber keine deutsche Zeitung lesen. Davon abgesehen, muss er hin und wieder mal eine Stimme hören, wie er sagt, die er kennt. Die sich an ihn erinnert, wenn er sich meldet, und vielleicht noch ein, zwei Dinge über die Borussia weiß. Das mit dem Wiederaufstieg hat ja nicht auf Anhieb funktioniert.

Da sitze ich also in meinem Büro im Präsidium und höre mir von einem mehrfachen Sexualmörder an, wie die »Fohlen« zu spielen hätten, um wieder »hochzukommen« in die Erste Liga. Und warum auch nicht? Die Schlaueren meiner Kollegen raten mir zu, den Kontakt nicht abzubrechen. Ein Knacki hört vieles, und noch sind da zwei Sexualdelikte in Neuss nicht aufgeklärt.

»Halt dir den warm«, sagt ein Kollege auf dem gleichen Flur. »Man weiß nie, was noch kommt.«

Ich glaube kaum, dass Pille etwas mit den ungeklärten Fällen in Neuss zu tun hat. Doch es gibt immer noch offene Fragen, was den Totschlag an der Nachbarin betrifft. So deutet einiges darauf hin, dass er die ältere Frau nicht allein erschlagen hat. Die Ergebnisse aus neuen Vernehmungen reichen 2005 aus, um die Verjährung der Straftaten (Beihilfe zum Totschlag) per Antrag auszusetzen – und eine Dienstreise in den Elsass zu rechtfertigen.

Hans-Peter Abts freut sich über den Besuch, als sei ich ein langjähriger Freund. Bedankt sich artig für die Chronik der Borussia und eine Lokalzeitung aus Heinsberg, die ich mitgebracht habe. Und führt mich wie ein Guide durch die mächtigen Anlagen, die wie eine Burg wirken. Hier zur Linken die Kantine und der Speisesaal, und dort, im Freien, die »Käfige«, in denen man aus disziplinarischen Gründen landen kann. So wie er einmal, nach dem Streit mit einem Insassen: Vierzehn Tage ohne Dach und ohne Heizung, erklärt er, »soll ja schon eine Strafe sein«.

Es hat seine Gründe, dass Abts sich inzwischen so frei bewegen kann. Er trainiert eine Fußballgruppe der Gefangenen, hilft in der Bibliothek und spricht sehr gut Französisch. So viel wie hier, in Gefangenschaft, hat er in Freiheit bisher nirgendwo auf die Reihe gekriegt. Das ist nicht mehr der unbeherrschte Giftzwerg, der gemordet und seine Leichen im Kanal oder im Wald abgeladen hat. Trotzdem muss ich ihm, als wir mit einem französischen Beamten im Besuchsraum sind, ein paar Fragen zu den ungeklärten Fällen in Neuss stellen. Eine umständliche Prozedur, weil wieder jeder gesprochene Satz von dem Beamten zunächst fürs Protokoll übersetzt wird – als könnten wir uns nicht so verständigen.

»Lass mich mit diesen Geschichten in Ruhe«, sagt er, »hab ich absolut nix mit zu tun. Würd ich dir doch sonst sagen.« Und die Sache mit der Nachbarin, der Totschlag: Hat er das ganz allein durchgeführt?

»Ja, das war ich und sonst niemand. Dieser Blödsinn geht auf meine Kappe, Herr Kommissar.«

Abts müsste nichts mehr verbergen, seine Aussichten auf ein Leben in Freiheit streben so oder so gegen null. An dem Tag, wo ihn die französische Justiz im dritten Jahrzehnt der deutschen unterstellt, wird er auf dieser Seite in Haft gehen. Und das ist keine Sache von zwei, drei Jahren. Man kann aber trotzdem aufsteigen, quasi in einer Liga mit sich selbst, und dieser klein und schmal gebaute Mann hier ist offenbar gerade dabei.

Ob er je daran gedacht habe, abzuhauen? Einen Moment lang muss Pille grinsen, bevor er wieder ernst wird. »Wo sollte ich denn dann hin?«, fragt er zurück. Dann wird er von dem französischen Uniformierten wieder in seine Zelle geführt.

Kommissar Schmitz ruft gelegentlich immer noch an, bis heute, und ich, Kommissar Thiel, höre ihm dann zu. Mehr können wir beide gerade nicht tun.

DREI: DAS VERSPRECHEN

Hab dich!

Hier ist es also. Weiter weg von Grefrath, als ich je vermutet hätte, an der Landstraße in Richtung Kerken. Er muss etwa dreißig Minuten lang gefahren sein, um hierherzukommen, in etwa so wie ich. Und die ganze Zeit hat der Junge neben ihm wahrscheinlich noch gehofft, dass er verschont würde. Was kann er denn schon machen außer hoffen?

Ich parke den Wagen in einer kleinen Bucht am Rand der Straße, die jetzt an einem Bruchwald entlangführt. Etwa fünfhundert Meter hinter dem Zivilauto, dem ich in einigem Abstand gefolgt bin. Und dort, wo ein Wirtschaftsweg ins Gelände führt, sehe ich sie gleichzeitig aus dem Auto steigen: Mario Eckartz und Jürgen Koch, meine Soko-Kollegen, und der Mann, der uns die Stelle zeigen will.

Es ist das erste Mal, dass ich ihn leibhaftig zu sehen bekomme. 146 Soko-Tage, und da ist er, ohne Handschellen: eine klobige, noch undeutliche Figur in der niederrheinischen Landschaft, die oberhalb von Wachtendonk immer geschlossener wirkt. In diesem modrigen Gelände bei der Niers tragen sogar die Füchse Gummistiefel. Es ist Mittwoch, der 26. Januar 2011, und wir alle müssen das jetzt irgendwie hinter uns bringen.

Am Morgen haben wir den fünfundvierzigjährigen Mann in aller Herrgottsfrühe aus dem Haus geklingelt und mitgenommen. Weil er unter dringendem Verdacht steht, ein zehnjähriges Kind entführt, missbraucht und getötet zu haben. Am Mittag war es dann so weit: Er hat sich grundsätzlich zur Tat bekannt. Wir dürfen also im Grunde jubeln, weil wir nach viereinhalb Monaten aufwendiger Ermittlungen endlich erfolgreich sind.

Tatsächlich habe ich zuerst mein Handy durch den Raum gefeuert, als mir Eckartz, mein Stellvertreter, vorhin mitteilte, dass der Mann, den sie zu zweit verhören, geständig ist. Und dann liefen mir auf einmal die Tränen. Da brach sich plötzlich alles Bahn, was sich über viereinhalb Monate angestaut hatte. Sofort kamen zwei Frauen von der Soko zu mir ins Zimmer, um mich zu beruhigen. Wenn endlich das geschieht, worauf man so lange hingearbeitet hat, ist es manchmal fast zu viel.

Aber natürlich haben wir uns dann doch noch in den Armen gelegen, meine Leute und ich. Die zweite Etage der Polizei in Dülken, unserem Hauptquartier, hat einmal kurz gewackelt. Hier haben je nach Stand fünfzig bis achtzig Mitarbeiter dafür gesorgt, dass das Schicksal von Mirco S. aufgeklärt wird. Das war großartiges Teamwork; jeder Einzelne hatte seinen Anteil daran, und keiner hat in dieser Zeit auch nur einen Tag Pause gehabt.

Mitten in unsere kleine Spontanfeier rief dann Ecki, wie ich ihn nenne, noch mal aus dem Polizeigewahrsam in Mönchengladbach an. Der Geständige sei jetzt bereit, uns die Ablagestelle zu zeigen, wie das im Kripo-Jargon heißt.

Augenblicklich ging es nur noch darum, alle handelnden Personen zu mobilisieren. Wir brauchen Leute von der Kriminaltechnischen Untersuchung (KTU) zur Spurensicherung, die Gerichtsmedizinerin und einen Fotografen. Und einen Plan, wer von denen wann am Fundort erscheint.

So bin ich Teil einer beinahe unsichtbaren Karawane geworden, die sich hierhin orientiert. Irgendwo hinter mir halten sich die Spurensicherer und unser Ermittler Karl-Heinz Malinowski in zwei weiteren Wagen bereit; vor mir sind die Kollegen mit dem Verdächtigen. Alle drei verschwinden sie jetzt im niedrigen Bruchwald, um nach den Überresten der Leiche zu sehen. Und ich warte hier, bis sie wieder auftauchen.

Wir können uns schönere Aufgaben vorstellen, jeder von uns. Es gibt nämlich Dinge, an die sich ein halbwegs normaler Mensch nie richtig gewöhnt. Als Kriminalpolizist musst du das aber als unausweichlichen Teil des Berufs akzeptieren. Wenn wir gerufen werden, ist in aller Regel schon was passiert. Wir kommen nicht zum Gratulieren.

Ich habe den Motor abgestellt, fingere die nächste John Player aus der Schachtel und überlege, ob es unser Fehler war. Einen Monat lang haben zig Hundertschaften das Suchgebiet bis zur Anschlussstelle der A40, seiner nördlichen Grenze, nach dem Opfer durchkämmt. Polizeitaucher und Spürhunde, Suchdrohnen und Helikopter, sogar Tornados sind auf den fünfzig Quadratkilometern zum Einsatz gekommen. Ohne Resultat.

Aber diese Stelle liegt gut sechs Kilometer von der Autobahn entfernt, ein gutes Stück hinter Astrids Hofcafé und dem Kieswerk, und irgendwo muss man eine Grenze ziehen. Außerdem ist sie durch Rodungen und den Morast, der über den Winter entsteht, seit Monaten unbegehbar. Kein Mensch kann hier spazieren gehen und dabei einen Toten entdecken. Dadurch hat der Junge hier so abgeschottet wie in einer Gletscherspalte gelegen.

Wir werden ihn finden, habe ich ganz zu Anfang versprochen. Nun ist es mehr ein Bergen geworden, aber das war schon nach den ersten Tagen klar. Und jetzt kommt mit der Befriedigung, den schwersten Fall meiner Kripo-Laufbahn gelöst zu haben, auch noch die Wut hoch. Einen Zehnjährigen von seinem Rad und aus dem Leben zu reißen und ihn danach wie Abfall zwischen die Bäume zu werfen …

Dann meldet sich Ecki auf dem Handy. Er ist als Erster wieder am Wagen und sieht von dort in meine Richtung. »Alles klar, liegt da«, sagt er knapp. »Kannst jetzt langsam dazukommen.«

Wir haben ausgemacht, dass er und Jürgen Koch den Tatverdächtigen zunächst für sich allein haben. Als die beiden vernehmenden Beamten sind sie am nächsten an ihm dran, und es wäre keine gute Idee, den Geständigen durch zu viele Polizisten um ihn herum zu irritieren. Wer weiß, was er unter dem Eindruck der zweiten Begegnung mit seinem Opfer spontan alles von sich geben wird?

Also fahre ich erst jetzt langsam zu der Stelle, wo der Wirtschaftsweg auf die Straße stößt, steige aus und nehme ihn aus nächster Nähe in Augenschein. Er steht neben Jürgen und Ecki, hält eine frisch angezündete Zigarette in der Hand und schaut ausdruckslos an mir vorbei in die Gegend.

Großer Kopf, breites Gesicht, etwas bullige Statur: in etwa wie auf den Fotos, die ich mir vor Tagen besorgt habe. Was immer er gerade gesehen hat, scheint ihn wenig berührt zu haben.

Vielleicht ahnt er jetzt, dass es für längere Zeit der letzte Ausflug in diese Gegend, ja in irgendeine Gegend sein könnte. Vielleicht denkt er aber auch gar nicht so weit. Ich verspüre in dem Moment wenig Neigung, mich ernsthaft in ihn hineinzuversetzen. Bevor ich an ihm vorbei bin, hebe ich nur kurz den Zeigefinger, wie zum Gruß, und sage halblaut: »Hab dich!«

Ich bin nicht sicher, ob er es gehört hat, jedenfalls kommt von ihm keine Reaktion. Ist aber auch egal, denn ich brauche diesen Satz mehr für mich selbst. Um die Sache auch innerlich abzuschließen – so wie man am Ende eines Satzes einen Punkt macht. Es ist eine besondere Befriedigung, wenn man eine Aufgabe gelöst hat – vor allem wenn sie so schwierig war wie diese. 146 Tage unter Zeit- und Ermittlungsdruck, ständig im Visier der Medien, ja der halben Nation. 146-mal aufwachen und sich fragen, wie es heute weitergeht.

Wir mussten ja gleich zwei suchen, Täter und Opfer, und nun sind beide hier. Das verschafft mir und meinen Kollegen Genugtuung, von Triumphieren jedoch kann keine Rede sein. Dafür ist das alles viel zu schrecklich. Ein großer, erbärmlicher Feigling, der sich an einem hoffnungslos Unterlegenen vergreift, und ein zehnjähriger Junge, der das Pech hatte, zur falschen Zeit am falschen Ort zu sein: Was für ein abgrundtiefes Drama!

Ich atme einmal kräftig durch und lasse mich von Ecki zu der Stelle führen, die sie gerade in Augenschein genommen haben. Nach wenigen Schritten querfeldein kommt hinter den Bruchhölzern eine kleine Lichtung zum Vorschein. Und dort, im trüben Nachmittagslicht, kann ich jetzt alles sehen.

Ein grünes Rad

Der Wein ist gut, er passt perfekt zu den Spaghetti mit Rucola-Pesto und Pinienkernen, die meine Frau vor zwanzig Minuten auf den Tisch gebracht hat. Da sitze ich jetzt auf der Couch, zusammen mit Uta, nehme einen weiteren Schluck und schaue ziellos durchs Wohnzimmerfenster auf die Wiesen hinter dem Haus. Sie glänzen im goldenen Abendlicht.

Es ist das erste Wochenende im September 2010. Die Sonne ist noch nicht ganz abgetaucht hinter den wenigen Häusern und Höfen in unserem Mini-Dorf, das in der Gemeinde Schwalmtal liegt; keine zwanzig Kilometer von Mönchengladbach und der holländischen Grenze entfernt. Recht genau dort, wo der Niederrhein beginnt. Ein schöner Samstagabend ohne Verpflichtungen könnte jetzt einfach so weitergehen.

Da brummt der Vibrationsalarm meines Handys. Ein Kollege der Kriminalwache in Mönchengladbach ist dran; ich ahne, dass ich den Wein wohl nicht in Ruhe austrinken kann. Wenn die Kollegen mich so spät bemühen, das weiß ich aus langjähriger Erfahrung, muss es einen besonderen Grund geben. Trotzdem sind die ersten Sätze für mich wie ein Schlag mit dem Hammer.

»Wir haben 'nen Jungen weg«, sagt der Kollege von der

Wache. »Fast bei dir um die Ecke, in Grefrath.« Dann fügt er die wenigen bisher bekannten Details hinzu. So oder so reicht die Suchmeldung aus, das Wochenende eines leitenden Ermittlers im Kriminalkommissariat (KK 11) mit sofortiger Wirkung abzukürzen. Und das oberste zu dieser Zeit verfügbare Tier bin ich.

So eine Nachricht ist für mich der blanke Horror. Manchmal löst sich eine Vermisstensuche in Wohlgefallen auf, dann hat ein Junge bloß bei seinem Schulfreund übernachtet, ohne jemandem Bescheid zu sagen. Je länger nach ihm gesucht wird, desto geringer ist allerdings die Aussicht, ihn unversehrt aufzufinden. Und wer bekommt schon gerne so einen Fall?

Irgendwo da draußen ist vielleicht ein Gestörter unterwegs, der eine Grenze überschritten hat. Er könnte es im schlimmsten Fall wieder tun. Das macht jedem im Umkreis erst einmal Angst. Angst vor dem »Monster«, das ihre Familien bedroht. Es ist nicht einfach, in solch einer hysterisch aufgeladenen Atmosphäre kühlen Kopf zu behalten.

Ich rufe als Erstes Hauptkommissar Mario Eckartz an. Er ist im Dienst mein Stellvertreter und darüber hinaus einer meiner besten Freunde. In den letzten zehn, zwölf Jahren hat es kaum eine Soko gegeben, die wir nicht zusammen gemeistert haben. Ecki ist drahtig, hellwach und geradeheraus, er passt in jedes Team. Jetzt brauche ich ihn, um mich zusammen mit ein paar anderen vom Dezernat zu besprechen.

»Ecki«, sage ich, »da ist was faul. Wir sollten gleich da hinfahren, wo sich die Spur des Jungen verliert.« Mehr muss ich nicht sagen, um den ehemaligen Grenzbeamten in

Bereitschaft zu versetzen. Er weiß, dass ich nicht so leicht Alarm schlage.

Dann informiere ich unseren Pressesprecher Willy Theveßen, meinen Kriminaldirektor und jemanden von der Operativen Fallanalyse (OFA). Das sind ehemalige Ermittler aus den Landeskriminalämtern, die bei schweren Delikten die Aufklärung begleitend unterstützen, indem sie aufgrund ihrer Erfahrung von außen Ansätze aufzeigen, Täterprofile erstellen, Hypothesen entwickeln etc.

Damit ist genug vorbereitet. Ich spüre Uta in meinem Rücken, als ich im Flur meine Schuhe suche. Wenn dies ein Fernsehkrimi wäre, müsste sie jetzt die Beleidigte geben. Aber das hier ist das wirkliche Leben und Uta eine ganz gelassene, realistische Frau. Sie hat mich vor einigen Jahren so gekauft wie besehen: ein Kripo-Mann aus Leidenschaft, den Freund und Feind »Terrier« nennen.

»Da ist jemand verschwunden«, sage ich knapp, »hört sich gar nicht gut an. Warte besser nicht auf mich.«

»Okay«, sagt Uta, »dann trink ich dir den Wein weg.«

Sie steht jetzt hinter mir und beobachtet mich.

»Ja, mach das, bitte.«

Auf dem Weg zum Auto höre ich noch Carlos bellen, unseren jungen Chesapeake-Bay-Retriever; sorry, mit dem muss Uta nachher alleine gehen. Dann nehme ich nichts mehr bewusst wahr. Ich bin jetzt im Tunnel.

Etwas später stehe ich mit Ecki, Willy und Viersener Polizisten an der Mülhausener Straße zwischen Grefrath und Wachtendonk, der L39. Eine Treckerspur führt hier, auf Höhe einer Straßenlaterne, in freies Feld; neben der Straße verläuft ein Radweg. Es ist eine offene, flache Kulturlandschaft unter weitem Himmel, wo Felder mit Wiesen wechseln – typischer Niederrhein. Etwa hundert Meter weiter eine freie Tankstelle und das Ortsschild von Grefrath, Gemeinde im Kreis Viersen. 15 500 Einwohner in vier Ortsteilen.

Hier hat ein Mann am Nachmittag das Fahrrad des Jungen gefunden; ein neues, grasgrünes Dirtbike. Er hat es zuerst mitgenommen und später, als Lautsprecherwagen über die Dörfer fuhren, bei der Polizei gemeldet. Zwei Beamte haben das Rad abgeholt und später zu Demonstrationszwecken ein vergleichbares Modell an der Stelle abgelegt. Dann ist hier abgesperrt worden. Alles deutet darauf hin, dass dies der sogenannte Abgreifort ist. Nicht mal ein Kilometer, und der Junge wäre zu Hause gewesen.

Es ist schon fast dunkel, als wir hier jetzt nach Anhaltspunkten suchen. Der Finder hat das Rad schon gereinigt und damit alle etwaigen Spuren abgewaschen. Allen von uns gehen wohl die gleichen Fragen durch den Kopf: Was ist hier passiert, dass ein Zehnjähriger sein nicht ganz billiges, erst vor vier Wochen erworbenes Rad, das er über alles geliebt und gepflegt haben soll, einfach so zurücklässt? Wer hat ihn warum und wohin verschleppt, und wer hat davon vielleicht etwas mitbekommen?

Mirco S. ist mittlerweile seit vierundzwanzig Stunden verschwunden; er hat, wie uns die Viersener Kollegen schildern, den ganzen Nachmittag mit Freunden verbracht. Zuerst hat er sich mit einem Jungen und zwei Mädchen im Kempener Kino den 3D-Film »Step-up« angesehen. Dann sind alle vier zu einer Skateranlage in Grefrath-Oedt geradelt. Dort tummelten sie sich, bis eine Schwester seines Freundes Mirco ausrichtete, dass seine Mutter angerufen hat: Er soll endlich

nach Hause kommen. Also hat er sich gegen halb zehn aufs
Rad geschwungen.

Der Junge fuhr zunächst durch Oedt, um seinen Freund
bis zu einer Bushaltestelle zu begleiten, an der sich regelmäßig ihre Wege trennten. Dort ist Mirco zuletzt gesehen
worden.

Dass er zu Hause in Grefrath nicht ankam, hat zunächst
aber niemand bemerkt. Zwar hatte seine Mutter ihrem
Mann unmittelbar nach dem Anruf Bescheid gegeben, dass
Mirco gleich zurück sein werde, bevor sie ins Bett ging, doch
Mircos Vater folgte ihr wenig später, ohne noch mal einen
Blick ins Zimmer des Jungen zu werfen. So fiel ihnen das
leere Bett erst am nächsten Morgen auf.

Die Polizei in Viersen, die von den Eltern anderntags
eingeschaltet wurde, leitete sofort die ersten Suchaktionen
ein. Etwa dreißig Beamte durchkämmten ab Mittag die nähere Umgebung mit Spürhunden, von Grefrath bis hinauf
zur Autobahn A40 Duisburg–Venlo. Zusätzlich überflog
ein Hubschrauber das Gebiet so tief wie möglich. Dennoch:
Bisher fehlt weiter jede Spur.

Es ist ein Schrecken inmitten weitläufiger Beschaulich-
keit. An den Wochenenden radeln Touristen hier an Krüp-
pelweiden, steinalten Höfen und Mühlen entlang, um fri-
sche Luft und freie Aussicht zu genießen, oder paddeln im
Kanu auf der Niers. Andere gehen in den Feuchtwiesen und
Bruchwäldern jagen, so wie ich, oder werfen an renaturierten
Flüssen und Seen ihre Angeln aus. Wir sind am oberen Rand
des Naturpark Schwalm-Nette, der sich im Süden bis Heinsberg und im Westen über die Grenze bis zur Maas erstreckt.
Naherholungsgebiet für gereizte Städter aus Gladbach, Kre-

feld und Düsseldorf; und Heimat für Menschen, die ihre Ruhe wollen.

Bei der ergebnislosen Suche nach dem Jungen ist neben den Flächensuchhunden auch ein besonders ausgebildeter Spürhund eingesetzt worden, ein »Mantrailer«, der auf feinste menschliche Hautspuren läuft. Das sensible Tier, das mit seiner Halterin aus Dortmund herbeigeschafft wurde, hat unweit des Fahrrads eine Fährte aufgenommen, die bis zu einem alten, vernachlässigten Dreikanthof in einer nahe gelegenen Ortschaft reicht. Dort brach sie unvermittelt ab. Ob das etwas zu bedeuten hat, weiß vorerst niemand.

Die Hoffnung auf einen harmlosen Ausgang der Suchaktion nimmt nun mit jeder Stunde weiter ab. Zudem liegen inzwischen die Straßen und Felder wie alles drum herum im Dunkeln. Es hat keinen Sinn mehr, heute noch irgendwas zu versuchen. Wir können nur zur nächsten Polizeistation fahren, um dort die Lage zu besprechen: Ecki, Willy und ich, dazu noch ein halbes Dutzend aus anderen Abteilungen, die mit uns vor Ort sind.

So landen wir bei der Polizei in Dülken, auf halber Strecke zwischen Mönchengladbach und Grefrath, am Konferenztisch eines größeren Besprechungszimmers. Wir sind neben dem Wachhabenden jetzt die Einzigen in dem unscheinbaren Zweckbau am Mühlenberg. Früher war hier das Finanzamt untergebracht.

»Wer von euch glaubt, dass wir den Jungen lebend finden?«, frage ich dort in die Runde. Statt zu antworten, schauen alle nur auf den Boden. Wahrscheinlich sind wir uns in diesen Momenten um Mitternacht einig geworden, dass wir vom Schlimmsten ausgehen müssen. Und dass viel

Einsatz nötig sein wird, um den Jungen und seinen mutmaßlichen Entführer so schnell es geht aufzuspüren. Das ganz
große Besteck: eine Sonderkommission.

Wir von der Kriminalpolizei sprechen lieber von Ermitt-
lungs- und Mordkommissionen, aber *Mord*kommission
würde in diesem Fall ein falsches Signal aussenden. Noch
gib es eine theoretische Chance, dass die Sache gut ausgeht.
Und wenn wir gleich von Mord sprächen – wer da draußen
würde sich noch die Mühe machen, uns Beobachtungen und
Hinweise zu liefern, die bei der Suche helfen könnten?

Wir verabreden uns für den nächsten Morgen um halb sieben, gleiche Stelle, anschließend setze ich mich noch mit der
Leitstelle und dem Kriminaldirektor in Verbindung. Mein
oberster Dienstherr braucht ein paar Momente, um aus dem
Schlaf ins Leben zurückzufinden. Dann, nachdem er die
Lage erfasst hat, bietet er mir für Sonntag vierzig Einsatz-
kräfte an. Das ist mir zu wenig, um die Suche systematisch
fortzusetzen. Die doppelte Anzahl wäre besser. »Wir haben
jetzt keine Zeit zu verlieren.« Am Ende habe ich die Zusage,
dass wir zusätzliche Kräfte abzweigen können, die gestern
bereits im Einsatz waren.

Als ich nachts gegen halb drei nach Hause komme, tue
ich alles, um so geräuschlos wie möglich zu sein. Carlos wird
trotzdem sofort wach, und Uta auch. Sie hat den Anruf, den
ich nach dem Abendessen bekam, nicht vergessen.

»Und«, fragt sie, »hat sich die Sache aufgeklärt?«

»Nee, der Junge ist weg. Geh mal davon aus, dass wir uns
in den nächsten Wochen nicht oft sehen.«

Teambuilding

»Wir werden ihn finden«, sage ich den zehn, zwölf Leuten, die am Sonntagmorgen in Dülken zusammengekommen sind, und schaue dabei jeden Einzelnen genau an. »Eher hören wir nicht auf.«

Wir sind bereits dabei, uns im zweiten Stock der Dülkener Polizei am Mühlenberg einzurichten: Ecki, die beiden OFA-Leute Bernd Mertens und Rainer Schlüter, ein paar andere und ich – die erste Keimzelle der Soko Mirco. Es ist ein langer Schlauch mit niedrigen Decken und vielen Zimmern, die zu beiden Seiten davon abgehen; am Kopfende ein großer Besprechungsraum. Außerdem gibt es noch ein Raucherzimmer, eine Küche und eine halbhohe Aktenablage auf dem Flur.

Hier ist ab sofort unser Hauptquartier, unsere zweite Heimat sozusagen, denn von jetzt an wird jeden Tag von acht Uhr bis in den Abend rein gearbeitet. Bis wir denjenigen haben, der Mirco aus seinem vertrauten Leben gerissen hat. Oder vielleicht doch noch Mirco selbst?

Leitender Ermittler, das ist in etwa so wie ein Mannschaftskapitän. Du musst das Selbstbewusstsein, das die Gruppe braucht, einfach vorleben – auch wenn dir selbst vielleicht manchmal Bedenken kommen. Wie viele Spiele würden meine Gladbacher Borussen in der Bundesliga gewinnen, wenn sie vorher daran zweifelten, dass sie es überhaupt schaffen können?

Leider gibt es allerdings kaum Anhaltspunkte. Denn was haben wir bis jetzt? Ein grasgrünes Dirt Bike, das von einem ziemlich verlegenen »Finder« gereinigt und zurückgebracht wurde. Und einen Abgreifort, der vermutlich nicht der Tatort ist und weiter keine Spuren hergibt. Kein Täter, kein Opfer, kein Zeuge, keine Spuren. Wir müssen nach allem gleichzeitig suchen.

Aber wir werden es schaffen. Indem wir Spieler ins Team holen, die sehr verschiedene Qualitäten einbringen und uns auf vielen Positionen stark machen. Das ist jetzt meine vordringlichste Aufgabe. Ich bin der oberste Verantwortliche in der Mannschaft, ihr Taktgeber und ihre erste Adresse. Wenn was schiefgeht, landet es zuerst bei mir.

Ich frage gute Leute aus den Fachkommissariaten an, Sitte, Sexualdelikte, Jugendkriminalität, Vermisste; dazu ein paar Spürnasen von der Fahndung. Außerdem möchte ich Jürgen Theissen dabeihaben, unseren Leiter für Kriminaltechnik, der für die Spurenanalyse unerlässlich ist. Und einige Routiniers von der OFA, die vor allem bei der Erstellung des Täterprofils, dem *Profiling*, äußerst hilfreich sein können.

»Es ist wahrscheinlich besser, wenn die erst mal bei euch sitzen«, sagt ihr Abteilungsleiter beim LKA. »Dann können sie sich schneller reindenken.«

»Einmal das«, stimme ich zu, »und die Wege sind einfach kürzer.« Die Regelung ist ganz in meinem Sinne.

Es soll Kollegen geben, die um die Mitwirkung der OFA-Routiniers aus den Landeskriminalämtern lieber einen Bogen machen. Das können nur ausgemachte Ego-Shooter sein. Die OFA quatscht niemandem rein oder belehrt, sie gibt nur Anregungen. Ich müsste also geprügelt werden, wenn ich mir von diesen Füchsen bei einem schweren Fall keine Tipps und Ideen holen würde. Und ich fürchte, das hier wird ein schwerer Fall.

Außerdem brauchen wir Kolleg*innen*, denn Frauen bringen bei den Befragungen in Schule und Nachbarschaft die Menschen leichter und schneller zum Reden. Wir brauchen emsige Leute, die auch noch die überflüssigsten Hinweise am Telefon geduldig aufnehmen. Und selbstlose Helfer wie Stefan Groß, der sich im Geschäftszimmer unter anderem um Bestellungen, Einkäufe und Überstunden-Abrechnungen kümmert. »Die Büroschlampe«, wie er hier leider sehr schnell getauft wird.

Und schließlich bekomme ich noch einen goldenen Tipp von meinem Freund Jürgen Koch, dem leitenden Ermittler bei der Krefelder Mordkommission, der sich unserer Soko ohne Zögern angeschlossen hat:

»Nimm den Didi dazu«, beschwört mich Jürgen, »der kennt Grefrath wie seine Westentasche. Mit dem bist du mittendrin im Ort.« Didi ist Dietmar Borgs, der seit Jahr und Tag in Grefrath seinen Dienst als Schutzpolizist verrichtet.

Und sieh mal einer an: Bis Montag erhalte ich so gut wie alle Spieler, die ich auf der Liste habe. Kein Genörgel von den anderen Abteilungen, wie sonst so oft, wenn sie ihre besten Leute hergeben sollen; keine Absagen, keine Ausfälle. Das zeigt mir, wie hoch der Fall im Apparat gehängt wird und dass wir auch in Zukunft auf jede Unterstützung bauen dürfen. Ein Eindruck, der sich beim zweiten Telefonat mit dem Kriminaldirektor bestätigt.

»Sie sagen, was Sie brauchen, Herr Thiel«, sagt mein Direktor, »und wir kümmern uns dann.«

Unterdessen durchkämmen dreihundert Einsatzbeamte die Gegend. Sie schreiten durch die Maisfelder, die im September mannshoch stehen. Suchen neben den Landstraßen, unter Brücken und an Radwegen nach Spuren. Wühlen in Gestrüpp und Gehölz, waten durch Flussläufe und Bäche, fahren mit einem Boot über den Heidesee. Zusammen mit Kräften der Freiwilligen Feuerwehr Grefrath, die ihnen die Wege ebnen, ist das eine regelrechte Invasion an Uniformierten. Eine Welle, die von Grefrath bis rauf zur A40 reicht.

Unsere »Schneckentreter«, wie sie manchmal liebevoll genannt werden, sehen nicht sehr frisch aus. Am Vorabend durften sie noch Hunderte von Rechts- und Linksextremen hüten, die sich in Dortmund auf einer Großveranstaltung ausgesprochen gewaltbereit gegenüberstanden. Mehrere Einsatzleiter haben mich nachts aus dem Bett geklingelt, um unsere Dispositionen zu verfluchen. Ist ja nachvollziehbar: Ihre Leute haben nach einem langen Einsatztag auf etwas Erholung gehofft und wurden stattdessen umgeleitet.

Während sich die Suchtrupps durch das Gelände arbeiten, versuchen wir hier in Dülken, die Abläufe zu rekonstruieren. Mirco ist zuletzt nach halb zehn an der Bushaltestelle auf der Johann-Fruhen-Straße in Oedt gesehen worden. Er war auf dem Weg nach Hause, während im Fernsehen ein Länderspiel übertragen wurde: Deutschland besiegte Belgien in der Qualifikation zur Fußball-EM 2012 mit 1:0. Ein mittlerer Straßenfeger, der die Zahl der Augen, die nach draußen gucken, deutlich eingeschränkt hat.

Aber welche Strecke hat der Junge von hier aus bis zur mutmaßlichen Abgreifstelle zurückgelegt? Ist er über die

Landstraße, auf dem Radweg oder den unbeleuchteten Feldweg entlang der Niers gefahren? Wo hat sein Entführer ihn entdeckt? Welche Vorbereitungshandlungen hat der Täter vor dem Übergriff getroffen, und wem könnte er dabei um welche Zeit aufgefallen sein? Alles Fragen, die wir in der großen Runde diskutieren, wo sich jeder einbringen kann – auch die reinen Bürokräfte.

Mirco hätte bis zur Abgreifstelle nicht mehr als zehn, zwölf Minuten gebraucht, schätzen die einen. Andere meinen, wir sollten besser von zwanzig Minuten ausgehen. Bis unserem OFA-Mann Bernd Mertens die zündende Idee kommt.

»Warum lassen wir nicht einen anderen Jungen diese Wege nachfahren«, fragt er in die Runde. »Einen, der etwa im gleichen Alter ist. Dann können wir die Zeit stoppen, die er dafür braucht.«

Also schicken wir den zehnjährigen Sohn eines Viersener Polizisten auf die verschiedenen Strecken und nehmen die Zeit. Demnach müsste Mirco nach etwa fünfzehn Minuten, also gegen zehn, seinem Entführer begegnet sein. Das ist der Zeitpunkt des Übergriffs, von dem wir ab jetzt ausgehen.

Parallel dazu wird nun auch Mircos Familie das erste Mal vernommen. Bisher haben sich nur unsere Opferschützer Willi Schinken und Peter Ewald um sie gekümmert: Psychologisch geschulte Mitarbeiter, die in den Tagen und Wochen des größten Schocks beratend zur Seite stehen. Für diese erste Vernehmung werden zwei sensible Ermittler ausgewählt. Sie gehen ebenso vorsichtig wie gründlich vor. Die ganze Familie S. wird einmal auf den Kopf gestellt; das kann man ihr nicht ersparen: Gab es Konflikte, Übergriffe oder offenen Streit unter den vier Geschwistern, mit den Eltern,

101

in der Nachbarschaft? Wie lief es in der Schule, mit wem hat Mirco seine Freizeit verbracht, wo hielt er sich gern auf?

Ich habe den Eltern meine Visitenkarte überbringen und ihnen ausrichten lassen, dass ich bei Bedarf jederzeit erreichbar bin. Zu diesem Zeitpunkt ist es für mich zunächst wichtiger, alle Fakten und Anhaltspunkte zu sammeln. Die Orte abklopfen, die an Mircos vermeintlicher Route liegen. Die Anwohner befragen, denen am Freitag vielleicht etwas aufgefallen ist. Zum Beispiel an der Skateranlage in Oedt, wo sich der Junge regelmäßig mit Freunden traf.

Da seien in letzter Zeit tatsächlich einige merkwürdige Figuren gesehen worden, erzählen uns Anwohner. Und ein Wagen mit niederländischem Kennzeichen, der mehrfach um die Anlage gefahren sei. Gut möglich, dass einer hier Mirco gesehen und an der Landstraße abgepasst habe. Die Tipps sind lieb gemeint, helfen uns aber nicht wirklich weiter. Auf diese Weise haben wir schnell ein paar »Verdächtige«, aber keine konkreten Anhaltspunkte.

Bis uns am späteren Nachmittag kurz nacheinander zwei Männer anrufen bzw. anrufen lassen. Beide haben Freitag zur Tatzeit etwas Ungewöhnliches beobachtet – genau an der Stelle, wo das Fahrrad entdeckt wurde.

Der dunkle Kombi

Gegen fünf haben unsere Telefonisten einen Abiturienten in der Leitung. Er wohnt mit seinen Eltern in einem frei stehenden Haus keine hundert Meter von der Abgreifstelle entfernt.

»Ich rufe für meinen Vater an«, beginnt er, »der hat da am Freitagabend noch was gesehen. Er ist jetzt ins Ausland gereist, aber ich soll es Ihnen schon mal sagen. Weil Sie doch jetzt nach dem Jungen suchen.«

Der Senior hat am Freitag von seinem Haus aus gegen zehn einen dunklen Kombi bemerkt, berichtet der Junior. Der habe in Höhe der Treckerspur rückwärts an der Landstraße geparkt. An einer Stelle, wo keiner aus Grefrath noch eine Pause einlegen würde. »Mehr hat er dazu erst mal nicht gesagt, aber in ein paar Tagen ist er wieder zurück. Dann kann er Ihnen das sicher genauer sagen.«

Keine Stunde später meldet sich ein jüngerer Mann aus dem Grefrather Handballverein. Er ist am Freitagabend nach dem Training mit seinem Wagen nach Hause gefahren, zusammen mit einem Teamkameraden. Dabei sei ihnen an dieser Stelle kurz hinterm Ortsschild ein Licht aufgefallen, das hinter der Böschung aufflackerte – möglicherweise von einem Fahrrad.

»Wir haben noch gedacht, da ist vielleicht 'n Betrunkener gestürzt, und sind langsamer geworden«, erzählt der Handballer glaubhaft. »Aber dann haben wir gesehen, dass gleich daneben noch ein Wagen stand. Da haben wir angenommen, dass sich da schon einer kümmert. Und sind weitergefahren.«

Ein Betrunkener, der mit seinem Rad umfällt, und ein freundlicher Autofahrer, der anhält, um ihm zu helfen: Die beiden Handballer von der Turngemeinschaft Grefrath 1896 e. V. hätten die nächtliche Szene an der Mülhausener Straße kaum falscher deuten können. Wahrscheinlich haben sie, ohne es zu wissen, den Moment erlebt, als ein zehnjähriger Junge aus seinem Leben gerissen wurde.

103

Aber ihre Beobachtung ist für uns äußerst wertvoll. Nicht zuletzt, weil sich der Fahrer, ein richtiger Autofreak, völlig sicher ist, welches Auto da geparkt hatte: ein VW Passat Kombi B6. Also die günstigste Ausstattung dieses Modells. Ein typisches Vertreter-Auto, wie einer unserer Profiler von der OFA am Montag anmerkt. Da sind wir mittlerweile auf fünfzig Leute angewachsen und schwer damit beschäftigt, in Dülken operationsfähig zu werden. Neue Rechner und Scanner auftreiben. Software auf Rechner aufspielen. Zusätzliche Leitungen installieren lassen. Und fluchen, weil das alles nicht schnell genug geht.

In den nächsten Tagen werden wir den autobegeisterten Handballer noch mehrmals befragen und mit einem Aussage-Psychologen konfrontieren – einem Experten, der Zeugenaussagen auf Schlüssigkeit, Detailtreue etc. abklopft. Doch seine Schilderung bleibt stets die gleiche, und modellsicher ist er sowieso. Wieder und wieder führen ihm Kollegen aus einem nahen Autohaus Wagen mit ähnlichen Rückfronten vor. Er bleibt dabei: Es war ein Passat Kombi B6.

»Das ist unser Top-Zeuge«, sage ich zu Ecki, und der nickt. Nach über zehn Jahren Zusammenarbeit brauchen wir meist nicht viele Worte. Hier in Dülken geht das größere, halbrunde Zimmer, in dem ich meistens sitze, in seines über; die Glastür dazwischen steht fast immer offen. So können wir uns sogar austauschen, ohne vom Schreibtisch aufzustehen.

Ecki ist mit 28 vom Zoll übergelaufen, als ihm bei Brüggen die Grenze gestohlen wurde. Es beruhigt mich, wenn er dabei ist, aber hin und wieder ärgert er mich auch. Weil er auf Dinge verzichten kann, von denen ich schwer loskomme: Zucker, Zigaretten, üppiges Essen. Wenn es das Wetter zulässt, fährt er mit dem Rennrad zur Arbeit. Er kann aber auch mal bloß abwarten und nachdenken. Das ist mindestens ebenso wichtig für einen Ermittler.

Heute ist er zu mir rübergekommen, damit wir zusammen rekapitulieren. Er hat sich einen Pott Kaffee mitgebracht, den er neben meinen auf den Schreibtisch stellt, und ignoriert beharrlich die Dose mit den Keksen. Okay, hab ich verstanden.

Wir haben jetzt ein Fahrzeug, nach dem wir suchen können, und dazu eine erste, grobe Ablaufskizze. Der Entführer hat Mirco am Freitagabend gegen zehn an der L39 beobachtet und kurz hinterm Kreisverkehr, einige hundert Meter vor Grefrath, abgepasst und anschließend in sein Auto verbracht. Ob der Junge freiwillig eingestiegen ist oder dazu gezwungen wurde, wissen wir nicht. Falls sich daran ein Gewaltverbrechen angeschlossen hat, wurde dies sehr wahrscheinlich nicht hier, sondern irgendwo in der näheren oder weiteren Umgebung verübt.

Eine Entführung an dieser Stelle, an einem Freitagabend gegen zehn – das ist ein Übergriff »im Auge des Orkans«, wie Ecki treffend formuliert. Keine hundert Meter weiter befindet sich am Ortseingang eine viel frequentierte freie Tankstelle. Gleich dahinter steht eine weiterverarbeitende Kunststoff-Fabrik; ein Autozulieferer mit dreihundert Mitarbeitern. Um diese Zeit ist dort die Nachtschicht schon eingetroffen und die Spätschicht noch nicht weg. Zudem gibt es im Ort auch noch ein paar andere Fabriken mit Schichtbetrieb. Zehn Minuten früher oder später wäre hier also eine kleine Auto-Karawane vorbeigekommen. Eine Karawane voller Augenzeugen.

»Wer sich hier unbeobachtet gewähnt hat, muss reichlich optimistisch gewesen sein«, sagt Ecki. »Oder er hat die Gefahr, entdeckt zu werden, einfach verdrängt.«

»Weil er schon so sehr unter Druck gestanden hat«, nehme ich den Ball auf. »So geht jedenfalls keiner vor, der das von vorne bis hinten geplant hat.«

Aber wer so sehr unter Druck steht, macht irgendwo auch Fehler. Das ist in diesen ersten Tagen, da wir noch etwas im Nebel herumstochern, vorerst unsere größte Hoffnung. Die zweitgrößte gilt dem Kombi: Vielleicht ist er an diesem Abend, oder auch danach, noch anderen aufgefallen.

Fundstücke

Inwischen macht der Fall große Schlagzeilen. Die *BILD* führt ihn am Montag in ihrer NRW-Ausgabe auf Seite 3:

»Mirco (10) aus Grefrath
SEIT DREI TAGEN SPURLOS
VERSCHWUNDEN!
Wurde er Opfer eines grausamen Verbrechens?«

»300 POLIZISTEN SUCHEN NACH
VERMISSTEM JUNGEN AUS GREFRATH«,

lautet die Headline der *Rheinischen Post*, der führenden Regionalzeitung, und die konkurrierende *Westdeutsche Zeitung* titelt:

»FIEBERHAFTE SUCHE NACH DEM ZEHNJÄHRIGEN MIRCO«

Das Foto des Jungen, der im hellen Poloshirt in die Kamera blinzelt, ist nun überall. Es erscheint bundesweit in den Zeitungen und wird in jeder Nachrichtensendung eingeblendet. Jeder zwischen Lübeck und Landshut erfährt in diesen Tagen von Mircos Geschichte – selbst wenn er nicht genau weiß, wo Grefrath liegt. So wird der Fall ein Krimi in Echtzeit, der ab sofort als Reality-Serie läuft. Das Neueste von Mirco.

Von jetzt an stehen wir also unter Beobachtung. Eine Nation verfolgt mit, was die Soko unternimmt, um das Schicksal eines entführten Zehnjährigen aufzuklären. Diese Aufmerksamkeit müssen wir für uns nutzen. Je weiter sie um sich greift, desto mehr Hinweise aus der Bevölkerung können wir erwarten. Und desto weniger darf sich der Täter einen Fehler leisten, durch den er auffällt. Das ist unsere Chance.

Deshalb streut die Presseabteilung der Mönchengladbacher Polizei über die Medien flächendeckend Informationen und Appelle. »Der Schmierfink«, wie unser Pressechef Willy Theveßen intern heißt, schießt richtig aus der Hüfte. Auch er ist jetzt hauptsächlich in Dülken. Die Aufrufe an Zeugen, die der leise Mann mit dem Kugelbauch in seinem stets ausgewogenen Ton verfasst, sind bald im Lokalfunk, auf Plakaten und in regionalen Zeitungen. Sogar in einem katholischen Kirchenblatt wird später ein Inserat geschaltet.

Wir wollen so die drei stärksten Blockaden lösen, die in den Köpfen der Leute stecken: 1. *Das wissen die schon.* 2. *Das können die wahrscheinlich nicht gebrauchen.* 3. *Das hat denen bestimmt schon einer erzählt.* Wir benötigen alle noch

107

so unscheinbaren Beobachtungen, jede Info kann wertvoll werden. Unsere Botschaft kann deshalb nur heißen: Wir schaffen das, wenn ihr uns dabei helft.

Und am Dienstag, dem Tag 5 der Soko, finden sich tatsächlich die ersten Spuren. Eine Frau ruft in unserer Zentrale an. Ihre Mutter hat auf einem Parkplatz an der Hinsbecker Straße, ein paar Kilometer von der Abgreifstelle entfernt, eine graue Jogginghose entdeckt, die unter einem Müllkorb lag – und in der Hoffnung, sie passe dem Enkel, ins Auto gelegt. Dort fällt sie anderntags ihrer Tochter auf: Auf dem Waschzettel im Bund steht deutlich lesbar »Mirco«.

»Und so heißt ja auch der Junge, nach dem Sie jetzt suchen«, sagt die Frau leicht verlegen am Telefon. »Denn meine Mutter, wissen Se, die denkt sich nix dabei. Die hat die Hose bis heut Morgen im Auto liegen lassen.«

Sofort fährt ein Einsatzteam los, um die Anruferin zur Übergabe auf dem Parkplatz zu treffen. Dort kann sie gleich zeigen, wo genau die Hose lag. Unsere Leute finden in den Taschen dann auch Mircos abgerissene Kinokarte vom Freitagnachmittag und seinen Schlüsselbund. Kein Zweifel also, dass es seine Hose ist.

Ein neues Fahrrad, eine alte Trainingshose: »Ihr Grefrather könnt wohl alles gebrauchen, was ihr so findet«, ziehen wir Dietmar Borgs und die anderen Kollegen aus der Gegend in unserer Soko auf.

Solche Sprüche brauchen wir ab und zu, um uns von der Brisanz des Falls etwas abzulenken – niemand hat etwas davon, wenn wir uns in seine Tragik hineinsteigern. Und in diesem Fall verbirgt sich dahinter auch die Euphorie über einen kleinen Quantensprung. Wo ein Kleidungsstück ist, sind in aller Regel auch Fasern zu finden. Und die können viel erzählen, wenn sie erst einmal in den fasertechnischen Labors des LKA in Düsseldorf unterm Mikroskop gelandet sind.

Wir lenken nun einen Teil der Suchtrupps zum Parkplatz um, damit sie das Areal gründlich auf den Kopf stellen. Dort stoßen sie sehr schnell auf ein Paar Socken und ein blutverschmiertes T-Shirt. Die Socken sind so zusammengerollt, als wollte jemand dafür sorgen, dass man sie besser werfen kann – vielleicht aus einem Auto heraus. Am gleichen Tag wird an der L39 auch eine Boxershort mit Mickey-Mouse-Motiv gefunden. Auch sie stammt vermutlich von Mirco.

Leider passiert dann etwas, was nicht passieren darf: Die Eltern werden über den Fund der Kleidung benachrichtigt, bevor der überhaupt ausgewertet ist. Irgendwer aus der Soko ist losgestürmt, ohne dies mit uns abzustimmen. Deshalb werde ich am nächsten Morgen in Dülken zum ersten Mal ein wenig lauter. Wir haben hier flache Hierarchien, aber das kann nicht bedeuten, dass jeder lustig macht, was er will.

»Es kann nicht sein, dass in dieser Soko Befunde nach außen getragen werden, die noch nicht abgeklärt sind«, sage ich. »Wir sind hier Ermittler und keine Clowns! So was Bescheuertes darf nicht noch mal vorkommen, verdammt noch mal. Und ich hoffe, dass jetzt alle das kapiert haben.«

Ich bin vor allem deshalb so sauer, weil die Schlüsse aus dem Fund so folgenschwer sind. Eine Unterhose ist das letzte, intimste Stück Stoff, das jemand am Körper trägt. Wer die verliert, ist in aller Regel körperlich attackiert oder missbraucht worden. Spätestens jetzt gibt es kaum noch Hoffnung, dass wir den Jungen irgendwann unversehrt zurückkriegen. Denn nun steht so gut wie fest, dass er nicht bloß entführt wurde, um von den Eltern Lösegeld zu erpressen. Oder um ihn auf Jahre bei sich einzusperren und zu quälen. Solche Phantasien sind natürlich mit im Spiel, der Fall Natascha Kampusch ist ja noch in allen Köpfen.

Wir müssen vom Schlimmsten ausgehen, ohne es nach außen zuzugeben.

Einer von euch

Es ist Fahndungsglück, dass die alte Dame Mircos graue Jogginghose mitgenommen hat, bevor in der Nacht ein schwerer Platzregen einsetzte. Und dass sie den Fund im Auto liegen ließ, statt ihn in die Waschmaschine zu stopfen. Sonst wären so gut wie sämtliche Spuren vernichtet worden. So können wir die Hose am Mittwoch beim LKA in Düsseldorf abgeben, um sie in deren Labors untersuchen zu lassen. Auf Fasern, die nicht von Mirco, sondern von den Autopolstern bzw. aus dem Lebensbereich des Fahrers stammen. Und auf Hautzellen und Speichel, um ein erstes DNA-Profil zu erstellen.

»Wie lange wird das ungefähr dauern?«, frage ich Michael Stauber, den zuständigen Dezernatsleiter beim LKA, am Telefon. Ich kenne ihn durch frühere Fälle schon seit Jahren: ein trockener, aber umgänglicher Typ, der am liebsten mit dem Motorrad zur Arbeit fährt. »Du weißt ja, wir wollen alles immer am liebsten gestern.«

»Das will hier jeder, Ingo. Aber wir ziehen eure Sachen sowieso immer vor. Ich denke mal, ihr hört sehr bald von uns.«

Am Samstag taucht dann noch ein weiteres Kleidungsstück des Jungen auf: Spaziergänger finden in einer Böschung an der N39 einen von Mircos Puma-Sneakers. Zusammen mit den anderen Funden ergibt das ein erstes ungefähres Bewegungsmuster. Der Mann mit dem Kombi hat sich nach und nach, und immer in gleicher Richtung, der Kleidungsstücke des Jungen entledigt. Sie alle sind dort gefunden worden, wo neben der Straße noch ein Standstreifen verläuft, und zwar ohne Ausnahme auf der gleichen Fahrbahnseite. Demnach fuhr der Täter in nördlicher Richtung und kehrte dann wieder in Richtung der Abgreifstelle zurück. Was nahelegt, dass er den Jungen irgendwo da oben abgelegt hat – schwer verletzt, bewusstlos oder bereits tot.

»Und wenn der das alles nur fingiert hat, um eine falsche Fährte zu legen?«, wirft einer der jüngeren Ermittler bei unserer täglichen Runde ein. Jeden Morgen um acht kommen in Dülken alle zusammen, um den Stand der Ermittlungen und die nächsten Aufgaben abzuklären. Dann kann jeder seine Ideen einbringen, ob er am Telefon sitzt oder Fallanalyse macht. Ich glaube fest an die Vorteile von Teamwork und flachen Hierarchien. Und ich arbeite sehr gerne in der Gruppe.

»Dann wäre er hin- und hergefahren und hätte nicht alle Sachen auf der gleichen Seite rausgeworfen«, entgegne ich. »Aber für meinen Geschmack ist da jemand nicht besonders geplant, sondern spontan vorgegangen. Hier wollte sich einer ganz schnell und auf leichte Weise der Sachen entledigen, die ihn mit seinem Opfer in Verbindung bringen können. Wer clever ist, nimmt die Sachen mit und entsorgt sie später bei sich zu Hause.«

Hinter der Frage, in welche Richtung der Täter verschwunden ist, steckt ja noch viel mehr: Wenn er nach Norden, in Richtung der A40 davonfuhr, ist er sehr wahrscheinlich ein Fremder; dann kann er aus dem Ruhrgebiet oder aus den Niederlanden sein. Fuhr er aber in Richtung Grefrath, dürfte er in dieser Ecke leben. Und so, wie er hier rumgekurvt ist, muss der Täter Ortskenntnisse haben.

Darum sind wir uns bald einig, dass wir von einer Gewalttat aus der Region ausgehen müssen. Es ist das unbeliebteste Täterprofil, weil man den Anwohnern zu verstehen gibt: Das Böse ist kein fremder, dunkler Schatten, es kommt aus eurer Mitte. So machen wir unser Projekt aber auch zum Projekt der Bevölkerung. Wir sagen: Einer von euch ist der Täter; helft uns, ihn zu finden!

Diese Leute haben ihre Region bisher als Oase im Rücken der Städte gesehen. Eine Hand wäscht hier die andere, und wer neu dazuzieht, lädt bitte die Nachbarn ein, um sich vorzustellen. Man redet bedächtig, aber viel, und giftet auch mal hinterm Rücken – das ist dann auch schon die Höchststrafe. Mit diesem Fall aber wird auf einmal der niederrheinische Friede als Ganzes in Frage gestellt. Umso größer ist jetzt die Bereitschaft, der Polizei zu helfen: Sie soll dafür sorgen, dass alles bald wieder wird wie vorher.

Unsere Einsatzteams befragen Anwohner, Nachbarn, Vereinsmitglieder, Angestellte von Imbissen, Kiosken, Gaststätten und Tankstellen, ob ihnen am 3. September (oder auch danach) jemand aufgefallen ist. Sie stehen an den Straßen, gehen durch die Schulen und über die Höfe. So werden wir rund um den zersiedelten Ort, der kein Dorf mehr ist und noch kein Städtchen, schnell notorisch. Der ganze Kreis

Viersen ist ein einziges Aufklärungsgebiet, in dem unsere Beamten so gewöhnlich werden wie Spaziergänger – und keiner mehr den Kopf wegen eines Hubschraubers verdreht.

Am Freitag bauen sich außerdem ein halbes Dutzend unserer Leute von 18 Uhr bis Mitternacht – also um die Zeit des Übergriffs herum – an der Abgreifstelle auf. Sie befragen alle Fußgänger, die jetzt hier entlangkommen, und winken ausgesuchte Auto- und Radfahrer auf die Seite. Das ergibt viele Gespräche, aber keine verwertbaren Hinweise.

Dafür bekommen wir zum Samstag noch mal dreißig Mitarbeiter und weitere Büros für sie im Erdgeschoss dazu. Außerdem richten wir ab sofort verschiedene Sachgebiete in der Soko ein, damit ich nicht mit allen Vorgängen gleichzeitig beschäftigt bin. Mit eigenverantwortlichen Leitern für Kriminaltechnik, Erkennungsdienst, Hinweisaufnahme, Opferschutz und Aktenführung.

Bevor das geschieht, habe ich noch Michael Stauber, den Laborchef des LKA in Düsseldorf, erneut am Telefon. Seine Laboranten haben an Mircos Jogginghose Fremdspuren für ein erstes DNA-Profil gefunden. Und zwei markante Fasern, die aus dem Umfeld des Fahrers stammen müssen. Es sind sehr wahrscheinlich die ersten Abdrücke, die wir vom mutmaßlichen Täter haben. Absolut unverwechselbar, wie mir unser Kriminaltechniker Jürgen Theissen bestätigt, und völlig ausreichend, um einen Verdächtigen zweifelsfrei zu überführen.

Unsere Hoffnung besteht von nun an aus zwei mikroskopisch kleinen, auffälligen Fasern. Die eine ist blau, die andere orange. Beide stammen sehr wahrscheinlich aus seinem persönlichen Lebensbereich und sind so einzigartig, dass bei

Übereinstimmung ein Irrtum ausgeschlossen werden kann. Die orangefarbene Faser ist zudem leicht feuerhemmend, was sowohl bei Textilien als auch sonst wo selten vorkommt.

Ein Mann, der bei der Feuerwehr arbeitet? Fast jeden Tag bringt hier einer eine neue Idee ein. Das ist im Prinzip auch wunderbar, nur müssen wir uns vor allzu schnellen Schlüssen hüten. Nur wegen einer schwer entflammbaren Faser können wir nicht jeden von der Feuerwehr öffentlich unter Generalverdacht stellen. Es reicht, wenn wir das für uns im Auge behalten.

Zwei winzige Faserspuren, die vor zwanzig, dreißig Jahren nicht entdeckt worden wären. Und jetzt machen wir daran unsere Zuversicht fest, als wären es Schiffstaue. Das sind sie aber nur unter den Linsen eines hochauflösenden, wassergelagerten Fluoreszenzmikroskops. Wir sind mitten in der fortschreitenden Geschichte der Kriminaltechnik.

Willys Schnäuzer

Die junge, aufgeregte Sprecherin der Staatsanwaltschaft Krefeld ist klein und zierlich, und Willy, unser Pressechef, das exakte Gegenteil. Zwischen ihren Hinterköpfen kann ich die große Medienmeute schon erkennen, bevor ich im großen Saal der Mönchengladbacher Polizei angekommen bin. Die Kameramänner und Richtmikrophone der TV-Sender. Die Reporter, die mit ihren Handys fummeln. Die Fotografen, die um die besten Plätze vorm Podium rangeln. Einige haben sich auch an der Seite aufgebaut, um uns drei als Erste abzupassen – als wären wir gleich nicht lange genug im Fokus.

Es herrscht großes Kino bei unserer ersten Pressekonferenz zum Fall, das war nach dem anschwellenden Medienecho nicht anders zu erwarten. Alle wollen aufsaugen, was nach den ersten sieben Tagen ermittelt worden ist – und vielleicht noch ein bisschen mehr herauskitzeln als die puren Fakten. In welche Richtung wir ermitteln, von welchem Delikt und welcher Art Täter wir ausgehen usw.

Jeder kennt diese Szenen, in denen sich den Frauen und Männern auf dem Podium zig Mikros entgegenstrecken, wie ein Haufen bunter Schlangen aus einer Grube. Das ist nach all den Jahren weder spannend für mich noch richtig angenehm. Jetzt aber muss ich wieder da durch, so gut es geht. Damit keine wilden Spekulationen entstehen und keiner denkt, wir hielten die Medien außen vor. Schließlich können wir sie in diesem besonderen Fall sehr gut gebrauchen.

Also lege ich vorgeblich alle Karten auf den Tisch, halte jedoch ein paar Details zurück – wie etwa das blutverschmierte T-Shirt, das spurentechnisch noch ausgewertet wird. Das alte Spiel zwischen Presse und Polizei. Dafür erwähne ich das Fahrrad, die Jogginghose, die Hinweise, die wir von Zeugen erhalten haben, vor allem die auf den dunklen Kombi, und das kleine, aber feine Spurenpaket. Danach komme ich auf die Parkbucht Heitzerend an der Hinsbecker Straße zu sprechen, wo die Jogginghose lag.

»Wir können nicht ausschließen, dass auch andere Bekleidungsstücke, die Mirco am Freitagabend trug, auf diesem Parkplatz abgelegt und von anderen Passanten mitgenommen wurden. Falls dies der Fall sein sollte, bitten wir eindringlich darum, sich mit der Kommission in Verbindung zu setzen. Falsche Scham ist hier fehl am Platze. Im Gegenteil: Sie können maßgeblich zur Aufklärung dieses Falls beitragen …«

Die Journalisten erfahren auch noch von der Hinweistafel, die wir am Montag an der Abgreifstelle aufstellen wollen. Und dass die Soko gerade auf gut achtzig Mitarbeiter aufgestockt wurde. Ich spreche ins gleißende Licht der TV-Teams und Fotokameras, aber im Unterschied zur Sprecherin der Staatsanwaltschaft kenne ich das alles schon und komme ohne Hektik zu einem vorsichtigen Resümee.

»… Das Zielgebiet unserer Ermittlungen konzentriert sich daher auf die Funkzelle sowie die Fundstellen des Fahrrads und der Hose.«

Das ist der Moment, an dem sich ein Reporter aus den ersten Reihen meldet. Ein älterer, spitzfindiger Typ, der für eine regionale Zeitung schreibt. »Wir kennen uns ja schon etwas länger«, eröffnet er betont vertraulich. »Darum die Frage, warum das jetzt ›Soko‹ heißt und nicht ›Mordkommission‹. Suchen Sie nach einer Leiche oder nach einem lebenden Jungen?«

Aber ich kenne seine subtile Art, Fangfragen zu stellen, und lasse mich dadurch nicht ins Bockshorn jagen. »Sie haben die Fakten gehört«, antworte ich. »Zählen Sie jetzt eins und eins zusammen, und machen Sie sich selbst ein Bild. Von mir werden Sie hier nicht hören, welche Rückschlüsse das nahelegt.«

»Kann es denn sein, dass der Junge entführt worden ist?«, fragt nun der Nächste.

»Es kann alles sein.«

116

Ich sehe aus dem Augenwinkel, wie Willys Schnäuzer zufrieden zuckt. Manchmal, wenn viele blöde Fragen kommen, tritt er mich unterm Tisch, damit ich nicht die erste blöde Antwort gebe. Er kennt mich seit Jahren und weiß, dass ich nur einen kurzen Anlauf brauche, um mich aufzuregen. Aber jetzt prallt das alles an mir ab. Jetzt möchte ich das Podium einfach nur für unsere Zwecke nutzen. Wir sind ja auf möglichst viele Hinweise angewiesen, wie ich am Ende des Spektakels noch mal ausdrücklich betone.

»Das macht uns zwar viel Arbeit, aber es kann schließlich auch das letzte fehlende Puzzlestück zur Aufklärung des Verschwindens von Mirco S. sein.«

Am Montagmorgen schaut mich Mirco S. in seinem hellen Polohemd wieder von jedem Kiosk an. Er ist auf den Titelseiten zahlreicher Zeitungen und Illustrierten, die da aushängen. Genau das war der Zweck der Übung.

Tagestäter

Soko Mirco
Zeugen gesucht!
Hier stand Freitagabend
03. 09. 2010
ein verdächtiger PKW
Hinweise erbeten an …

Das Hinweisschild, das am Montagmittag an der Abgreifstelle platziert wird, ist nicht zu übersehen. Es bringt ab sofort Grefraths Bürger und seine Fahrradtouristen dazu, an- und innezuhalten. Und wie von selbst entsteht hier ein Ort zum Gedenken, der mit Blumen, Kerzen und Grüßen geschmückt wird. Ein kleiner Wallfahrtsort am Ende einer Treckerspur.

Die Multiplikatoren kommen praktisch von allein. Keine Stunde später tauchen die ersten Fotografen auf, am Nachmittag folgen etliche TV-Teams. Das Rätsel um Mirco hat ein neues Bild bekommen, und jeder will es haben. Man löst Fälle, indem man Spuren und Hinweise sammelt. Aber man erreicht Menschen, indem man Bilder und Geschichten in die Welt sendet. Also lassen wir von nun an Reporter, Fotografen und Fernsehteams über unsere Schulter sehen, geben aber gleichzeitig klare Regeln vor. Wer sich an die hält, wird, soweit es geht, auf Ballhöhe gehalten.

Aus ermittlungstaktischen Gründen können wir natürlich nicht alles kommunizieren, was wir in Erfahrung bringen. So halten wir beispielsweise den alten, reichlich vernachlässigten Dreikanthof zurück, zu dem uns der Mantrailer geführt hat.

Hier haust zwischen wilden Sträuchern ein kauziger Sonderling. Er ist offiziell nicht gemeldet und hat auf seinem Grund lauter Holz, Schrott und alte Autoteile gehortet. Der unzugängliche Mann kann zunächst nicht erklären, wo er am Abend des 3. September gewesen ist. Dazu verwickelt er sich sehr bald in Widersprüche. Damit macht er sich zum ersten Tagestäter, wie das bei uns in der Kripo heißt.

»Der ist gut«, sagt Ecki, während er im Auto ein belegtes Brötchen hinunterschlingt. »Dem traust du alles zu, ohne mit der Wimper zu zucken.«

»Der ist fast zu gut«, erwidere ich. »Das ist ja alles wie

118

aus einem etwas durchgeknallten Film. Geht doch gar nicht schräger.«

Wir durchsuchen den Hof, beschlagnahmen das Fahrzeug, einen BMW Kombi, sowie Laptop, Handy und alle Speicherdaten. Außerdem nehmen wir eine Speichelprobe zum DNA-Abgleich mit. (Eine Misch-DNA von Mirco ist inzwischen im LKA analysiert worden.) Doch bei einer zweiten Vernehmung kann der Mann darlegen, wo er zu der fraglichen Zeit gewesen ist. Im Übrigen finden sich keine konkreten Anhaltspunkte, und der Gentest weist keine Übereinstimmung mit dem gesuchten DNA-Code auf.

»Ich fürchte, du hast recht gehabt«, sagt Ecki gegen Abend. »Es gibt welche, die passen einfach zu gut.«

Die Energie, die ein neuer Tagestäter auf unserer Etage auslöst, spürt man förmlich in den Haarspitzen. Das elektrisierende Prickeln, den Fall vielleicht bald gelöst zu haben, und der jähe Pegelabfall, wenn sich der Verdacht in Luft auflöst: Das geht jedes Mal wie eine große Welle durch die ganze Kommission. Danach blicke ich dann in lange Gesichter und kann nur sagen, was leitende Ermittler in solchen Momenten immer sagen: »Mund abwischen und weitermachen!«

Immerhin haben wir inzwischen einen Fahrzeugtyp, nach dem wir fahnden können, eine Ablaufskizze und hochinteressante Faserspuren. Dazu kommt jetzt eine Anfrage des ZDF: Die Redaktion des Magazins »Aktenzeichen XY« möchte den Fall zur nächsten Sendung am 15. September aufgreifen. Einen Tag nachdem in einem vergleichbaren niederländischen TV-Format (»Opspooring verzogt«) darüber berichtet wurde – mit großem Zuschauerecho.

119

Das ist eine Gelegenheit, die wir uns nicht entgehen lassen dürfen. Am späten Nachmittag vor der Ausstrahlung finde ich mich im ZDF-Landesstudio in Düsseldorf ein, wo der Beitrag aufgezeichnet wird. Nach zwei, drei früheren Auftritten in dem Magazin ist mir der Trubel hinter den Kulissen fast schon vertraut. Es geht auch nicht um mich, sondern um fünfeinhalb Minuten bundesweiter Aufmerksamkeit am Mittwochabend.

»Und nun, wie angekündigt, kommen wir zum Vermisstenfall Mirco«, leitet Moderator Rudi Cerne den Beitrag ein. »Seit nunmehr zwölf Tagen ist der Junge verschwunden, und mit jedem Tag, der verstreicht, wird die Wahrscheinlichkeit geringer, dass er wohlbehalten wieder auftaucht.«

Dann werden die Abläufe vom 3. September skizziert; dazu eingeblendet die Google-Earth-Aufnahmen vom vermuteten Heimweg und den Fundstellen. Und Fotos von Mirco, seinem Fahrrad und seiner Trainingshose. Darauf wendet sich Cerne an den Leiter der Soko – mich.

»Wir gehen davon aus, dass sich das letzte Ziel des Täters in der Region befindet«, sage ich meinen vorbereiteten Text auf, vor 4,84 Millionen Zuschauern, wie anhand der Quoten ermittelt wird. »Das heißt, wir suchen nicht den überörtlichen Täter. Erfahrungsgemäß steht dem Täter so was nicht ins Gesicht geschrieben. Das heißt, er ist in einem sozialen Umfeld integriert und unauffällig.«

Dann komme ich auf die Trainingshose und ihren Fundort zu sprechen, auf das Polohemd, das nach kriminaltechnischer Auswertung eindeutig Mirco zugeordnet werden kann, und das vermisste Handy. Dazu wird ein Foto des Handytyps eingeblendet. Ich bitte in dem Zusammenhang alle, die etwas entdeckt oder gesehen haben, eindringlich, sich zu melden. Und betone, dass sie ihre Beobachtung nicht selbst bewerten sollen.

In seiner Abmoderation hebt auch Rudi Cerne noch einmal die Dringlichkeit hervor: »Wir sind uns einig, ein wirklich bedrückender Fall. Wenn Sie der Soko Mirco helfen können, dann rufen Sie bitte sofort an. Jede Beobachtung kann wirklich außerordentlich wichtig sein. Es gibt mehrere Belohnungen, möchte ich auch noch sagen. Insgesamt beläuft sich das auf 15 000 Euro.«

Unmittelbar nach der Ausstrahlung treffen zunächst vierzig Hinweise ein, und am folgenden Tag spült uns eine Springflut hinweg. Die Telefone klingeln ununterbrochen, alle Leitungen sind überlastet. Fünfeinhalb Minuten Abendfernsehen mischen uns gründlich auf. Unser Pressesprecher Willy sieht sich genötigt, im Namen der Gladbacher Polizei und der Soko einen Appell zu verfassen:

»Alle Hinweistelefone sind besetzt, die zahlreichen Anrufe können jedoch trotz der Verstärkung des Teams am Bürgertelefon nicht gleichzeitig angenommen werden. Sollten Sie die Hinweistelefone nicht erreichen, versuchen Sie es bitte später noch einmal. Oder senden Sie uns eine E-Mail. Wir brauchen wirklich jeden Hinweis. Es wäre fatal, wenn wichtige Beobachtungen aufgrund der überlasteten Leitungen verlorengingen.«

Ein Hausarzt ist trotz allem durchgekommen. Ihm ist ein nervöser Patient aufgefallen, der sich merkwürdig verhalten hat. Ein Bekannter von Mirco, der auch noch einen dunklen Passat Kombi fährt. Als wir den Hinweis überprüfen lassen, werden tatsächlich Blutspuren im Kofferraum seines Wagens gefunden. Außerdem ist da noch eine Ehefrau, die nicht recht weiß, ob ihr Mann am 3. September abends wirklich zu Hause gewesen ist.

Der steige abends gerne noch mal ins Auto, erzählt sie den Männern unseres Einsatzteams, als sie mit ihnen alleine ist. Um sich mit Freunden zu treffen, wie sie annimmt, »aber so genau weiß ich das auch nicht. Ich krieg das von hier drinnen nicht mal richtig mit.«

Im Suchgebiet

Alte Schuhe, kaputte Brillen, verbogene Schirme, Handschuhe, Mützen, Schals, Ringe, rostige Feuerzeuge, Taschenmesser, Uhren, Ausweise und Portemonnaies – es gibt einfach nichts, was unsere Suchtrupps da draußen nicht finden. Abend für Abend kehren sie ins Grefrather Eisstadion zurück, ihrem Hauptquartier, um dort die Tagesbeute auf den Tisch zu legen. Insgesamt werden bei der größten Säuberungsaktion in der Geschichte der Region 2500 Gegenstände gesammelt. Immer in der Hoffnung, dass es die Soko weiterbringt.

Ein, zwei Tage lang haben wir gehofft, dass Mircos nervöser Bekannter uns zu der Leiche führen könnte. Aber das Blut im Kofferraum seines Wagens stammt von ihm selbst. Er hat sich unterwegs mal leicht geschnitten und kann im zweiten Anlauf nachweisen, wo er am fraglichen Tag gewesen ist – reichlich düpiert, dass man ihn überhaupt verdächtigt. Also wird die Fahndung nach Täter und Opfer in bewährter Manier fortgesetzt.

Oft sind es gleich mehrere Hundertschaften, die nach Mircos Leichnam suchen. Sie haben in den mannshohen Maisfeldern mit den Ausdünstungen der Pestizide zu kämpfen, die in den Pflanzen stecken; mit scharfkantigen Blättern und Zecken. Unter ihren Helmen und Atemmasken wirken sie in der ungewöhnlich warmen Septembersonne manchmal wie eine Invasion vom Mars.

Das wird spürbar besser, als sich bei uns ein Hobbytüftler aus Steinfurt im westlichen Münsterland meldet. Der hat eine kamerabewährte Drohne entwickelt, nicht größer als ein Modellflugzeug. Mit ihr lassen sich bald viele Felder aus niedriger Höhe absuchen, ohne dass die Suchtrupps da durchmüssten. Doch die bessere Technik allein bringt noch keine neuen Resultate.

Auch dieser Teil der Fahndung ist ein Wettlauf gegen die Zeit. Die Bauern wollen endlich den Mais abernten, nur für uns halten sie noch die Füße still. Keiner möchte riskieren, mit dem Maisroder ein totes Kind zu überfahren, denn was in die gigantischen Maschinen gerät, wird erbarmungslos zerschreddert.

Eines Nachmittags steht dann wieder Bernd Mertens in meiner Tür. Der leise Kollege von der Operativen Fallanalyse senkt seine Stimme immer noch ab, wenn er einen neuen Gedanken unter die Leute bringen will. Das verfehlt nur selten seine besondere Wirkung: Jeder hört ihm aufmerksam zu.

»Warum sollten wir nicht versuchen, den Jungen mit den Kampffliegern der Bundeswehr aufzuspüren?«, fragt er unvermittelt und genießt meinen erstaunten Blick. »Die haben Tornados mit Wärmebild-Kameras. Damit lassen sich beim

Überfliegen alle auffällig temperierten Objekte verorten, also auch Menschen. Und Leichen. Wurden vor Jahren mal bei einem anderen Fall eingesetzt.«

Der Zeitpunkt ist günstig. Münchner Rechtsmediziner haben in einer neueren Studie herausgefunden, dass der menschliche Körper im Freien zehn bis fünfzehn Tage nach dem Ableben seine höchste Temperatur erreicht, wie mir Bernd erzählt. »Hat wohl in erster Linie mit den Bakterien zu tun, die ihn in dieser Zeit befallen.«

»Was denn für 'ne höchste Temperatur?«

»Puh … wenn ich's richtig behalten hab, fast neunzig Grad.«

Bernd hat auch noch das saure Gesicht genossen, das ich gezogen hab. Aber warum nicht das Unwahrscheinliche versuchen? Die Chance dazu ergibt sich, als Uwe Schummer, ein Bundestagsabgeordneter aus dem nahen Wahlkreis Nettetal, bei einer Veranstaltung auf Verteidigungsminister Theodor zu Guttenberg trifft. Auf unsere Bitte hin fragt Schummer beim obersten Heeresführer an, ob die Tornados verfügbar seien – und erntet prompt eine verbindliche Zusage.

Von da an geht alles sehr schnell, auch wenn sich einige Herren in der Führungsriege der Bundeswehr ein wenig übergangen fühlen. Am fünfzehnten Tag der Soko überfliegen zwei Tornados des Aufklärungsgeschwaders 51 »Immelmann« zwischen 15:20 und 15:40 Uhr den Luftraum über dem Suchgebiet, begleitet von einem Tankflugzeug. In dieser Zeit machen ihre Wärmekameras mehrere brisante *Hot Spots* aus.

Hubschrauber bringen je einen unserer Ermittler zu den Geokoordinaten dieser Punkte, damit sie die genauer überprüfen können. Dabei stellt sich bald heraus, dass die Kameras auf die Blechdächer von Hochsitzen reagiert haben, die von der Sonne aufgeladen waren. Außerdem werden ein paar vergrabene Tierleichen entdeckt. Es ist also nichts dabei, was uns weiterbringt.

Immerhin hat die spektakuläre Aktion ein wichtiges Signal nach draußen gegeben: Wir betreiben jeden Aufwand, wenn er zur Aufklärung dieses Falls beitragen kann. Nichts ist uns zu mühsam, zu teuer, zu umständlich. Oder zu unappetitlich: Fünfundzwanzig Beamte und Beamtinnen wühlen ein paar Tage später in über 17 Kubikmetern Müll, den der Bauhof der Gemeinde Grefrath in den letzten Wochen für uns in einem riesigen Container gehortet hat. Müll von Parkplätzen, öffentlichen Behältern und wilden Deponien. Sie finden darin auch eine Videokamera und zwei Handys, aber nichts, was mit dem Fall zusammenhängt.

Unterdessen klopfen unsere Einsatzteams alle möglichen Anlässe ab, bei denen Anwohner und Tagesgäste zusammenkamen. Die Schwelle zu einer Gewalttat ist oft niedriger, wenn einer aus der Menge heraus agieren und sich geräuschlos absetzen kann. Tag für Tag rücken elf Zweiergespanne nach der gemeinsamen Besprechung im Dienstwagen aus, um wieder Leute auszuquetschen. Simple Fleißarbeit, wie sie in keinem Fernsehkrimi auftaucht, weil sie nicht aufregend genug ist.

Ein uraltes, frei stehendes Gehöft bei Vorst: Hier haben am Abend der Entführung hundertsechzig Menschen eine goldene Hochzeit gefeiert; die Tanzmusik war bis in den frühen Morgen zu hören. Hat da eventuell jemand das Fest für längere Zeit verlassen? Sind Gäste vorzeitig abgereist?

125

Ein Schützenzelt am Ortausgang von Oedt, das Mirco auf seinem Rad vermutlich passiert hat: Wer von den Handwerkern aus dem Osten, die das Zelt aufgebaut haben, hat den Jungen vielleicht gesehen? Und wo sind diese Leute inzwischen abgeblieben?

Ein Naturfreibad mit Wasserskianlage am Baggersee bei Wachtendonk, die »Blaue Lagune«: Ist hier unter Umständen ein Fremder aufgefallen, der sich merkwürdig verhielt? Haben Wakeboarder oder Partykids möglicherweise einen dunklen Kombi bemerkt, der abends noch durch die Gegend fuhr?

Ein privater Saunaclub in einer Villa am Ortsrand von Grefrath, wo vor allem übers Wochenende die Puppen tanzen: Hat sich ein auffälliger Gast hier vielleicht sexuellen Appetit verschafft? Oder ist da einer, warum auch immer, von den freiberuflichen Mädchen abgewiesen worden?

Wo immer an dem ersten September-Wochenende Menschen in größeren Gruppen zusammengekommen sind, um zu feiern, werden sie von uns überprüft. Das gilt auch für die Jungflieger und Fallschirmspringer, die sich am Sportflughafen in Grefrath zu ihrem jährlichen Sommerfest getroffen haben. Und für die Hilfskräfte und Assistenten, die das große samstägliche WDR2-Event »Eine Stadt« in Nettetal-Lobberich vorbereitet haben.

»Irgendeiner, der von einem früheren Aufenthalt Ortskenntnisse besitzt, aber nur für einige Tage in der Gegend war; der kurz aufgetaucht ist, um bald danach unbemerkt zu verschwinden: Vielleicht ist das derjenige, den wir finden müssen«, sage ich zu Ecki.

Es ist einer von den Vorabenden, zu denen sich bei uns

allmählich die Etage leert. Um diese Zeit kommen wir endlich dazu, ein bisschen über den Tag hinaus zu denken. Dann ziehen wir uns in das größere, halbrunde Zimmer zurück, wo die wichtigsten Unterlagen aufbewahrt werden. Oder in das Raucherzimmer, so wie jetzt. Einfach mal am Fenster stehen, ein Bier aufmachen und aussprechen, was einem durch den Kopf geht: Es wird unser gemeinsames Feierabend-Ritual.

»Unter Umständen braucht derjenige aber gar nicht zu verschwinden«, sagt Ecki nach einigen Augenblicken und spielt mit dem Flaschenöffner auf dem Tisch. »Weil er sich hier so unauffällig verhält, dass ihn sowieso fast keiner bemerkt.«

»Oder so«, pflichte ich ihm bei. Er weiß schon, wie ich das meine.

Ein Versprechen

Wir haben in den ersten Tagen an so viele Türen geklopft, nur nicht an die von Mircos Eltern. Nach zwei hektischen Wochen gelingt es endlich, dafür ein paar Stunden frei zu räumen. So stehen wir sonntagabends zu viert vor einem unscheinbaren Einfamilienhaus in Grefrath: außer mir Ecki und die beiden Opferschützer Willi Schinken und Peter Ewald. Es ist höchste Zeit für eine Geste und klare Worte.

Sandra S., Mircos Mutter, steht mit einem tapferen Lächeln in der Haustür. Es ist das Lächeln, das mir noch oft begegnen wird und mich jedes Mal wieder berührt. Weil es alles andere als aufgesetzt oder einfach nur höflich ist. In diesem Lächeln steckt eine innere, unerschütterliche Kraft, die man sofort spürt.

»Wir haben nicht wirklich aufgeräumt«, sagt sie entschuldigend und führt uns in die Küche. Dort steht schon eine Kanne mit frisch aufgebrühtem Kaffee – »wenn es für Sie nicht zu spät ist«, und am Tisch sitzt Reinhard S., der die Regie dieser Zusammenkunft weitgehend seiner Frau überlässt.

Mircos Eltern sind durch die Ereignisse schwer getroffen, doch nicht völlig am Boden zerstört. Da sind noch drei weitere, schulpflichtige Kinder, die nun ihre Nasen aus verschiedenen Zimmern stecken. Und eine gemeinsame Zuversicht, die sich aus einem starken Glauben nährt. Für die beiden ist alles, was geschieht, göttlicher Wille. Den anzunehmen sehen sie als ihre Aufgabe. Nun werden sie einer besonders harten Prüfung unterzogen. Der härtesten, die es wohl überhaupt gibt.

In dieser Atmosphäre fällt es uns etwas leichter, Klartext zu reden. »Ich will ganz offen zu Ihnen sein: Wir können nicht mehr davon ausgehen, dass wir Mirco lebendig aufspüren werden«, sage ich sehr bald. »Das ist leider höchst unwahrscheinlich geworden. Aber wir werden alles tun, um herauszufinden, was da passiert ist. Darauf haben Sie ein Recht.«

Dann erklären die Opferschützer, wie sich die Familie in nächster Zeit am besten verhalten sollte: in der Nachbarschaft, im Ort, gegenüber den Medien. Was Letzteres betrifft, müssen sie leider mit beinahe allem rechnen. Fotografen, die in den Garten springen, um exklusive Bilder zu schießen. Reporter, die plötzlich im Hausflur stehen, Nachbarn und Freunde auswringen – die ganze Klaviatur der Zumutungen.

Später schaue ich mir Mircos Zimmer an. Es ist ein kleines Reich voller Fotos von Treckern und Landmaschinen an den Wänden. So oft er konnte, ist Mirco mit seinem Rad zu den umliegenden Höfen gefahren, um dort bei der Arbeit zuzusehen. Ein richtiger Junge vom Land, der lieber unterwegs war, als vor der Play Station zu hocken, und später Bauer werden wollte. Mich hier umzusehen hilft mir, ihn etwas besser kennenzulernen.

Es ist aber nicht so, als ob wirklich alle in Grefrath die Familie bedauerten. Wenn Sandra oder Reinhard S. an einem nicht ganz so düsteren Tag mit einem tapferen Lächeln durch den Ort gehen, zerreißt sich mancher darüber bereits das Maul: Wieso können die sich noch freuen? Andere haben sich echauffiert, wie man einen Zehnjährigen überhaupt so spät abends noch unbeaufsichtigt lassen kann. Von da ist es oft nicht mehr weit, in den Eltern Komplizen, wenn nicht gar Mittäter oder verkappte Mörder zu sehen.

Auch in der Kommission mussten Anhaltspunkte geprüft werden, die eventuell für einen Tatverdacht gegenüber den Eltern hätten sprechen können. Das gehört bei einer 360-Grad-Ermittlung dazu. Schon sehr bald aber habe ich alle Spekulationen in unserer großen Morgenrunde beendet: »Die Eltern sind raus.« Wir müssen unsere Energien bündeln und uns auf die wenigen konkreten Spuren konzentrieren. Und den beiden, die da so gefasst in ihrer Küche sitzen, so bald wie möglich Gewissheit verschaffen.

Diese Familie ist nicht annähernd so privilegiert, so bekannt oder so einflussreich wie die Bankiersdynastie von

Metzler in Frankfurt, die acht Jahre zuvor einen elfjährigen Jungen durch ein Gewaltverbrechen verlor. Der Fall ging damals ähnlich groß durch die Medien. Aber gerade jetzt kann der Rechtsstaat demonstrieren, dass seine Polizisten, Hubschrauber und Spürhunde bei Bedarf allen zugutekommen – und sei der benötigte Aufwand auch noch so groß. Denn neben dem Recht auf freie Meinungsäußerung, freie Wahl des Glaubens und des Wohnsitzes gibt es auch so was wie ein Recht auf Aufklärung, vor allem wenn Angehörige oder Lebenspartner betroffen sind. Und erst recht, wenn es um ein Kind geht.

»Kümmert ihr euch jetzt um eure anderen Kinder«, sage ich später zu den Eltern, »wir kümmern uns inzwischen um Mirco.«

Nach knapp zwei Stunden bringen uns Sandra und Reinhard S. fast schon wie gute Bekannte zur Tür. Dort werden wir alle vier zum Abschied kurz von der Mutter des Jungen gedrückt. In diesem bewegenden Moment höre ich mich noch einen letzten Satz sagen. Es ist einer von denen, die man nicht planen oder einstudieren kann: »Wir gehen hier nicht eher weg, bis wir den gefunden haben. Das kann ich Ihnen versprechen. Und wir finden ihn.«

Dieser Satz ist von nun an das Mantra, das für unsere Arbeit sinnstiftend wirkt. Ein ganzer Polizeiapparat samt LKA-Labors, Beratern und externen Spezialisten wird in Bewegung gesetzt, um dieser Familie zu liefern, was sie dringend für ihr Weiterleben braucht: die traurige, aber unverzichtbare Gewissheit darüber, was mit ihrem Sohn passiert ist – und einen Täter, der zur Verantwortung gezogen wird. Ich habe ein Versprechen gegeben, das für mich verbindlich ist. Es zählt für mich nicht weniger als der Diensteid oder eine Anweisung vom Kriminaldirektor. Anders gesagt: Wir machen das hier nicht bloß, weil es halt irgendwer machen muss. Wir machen das vor allem für Sandra und Reinhard.

Geistesblitze

Der ältere Mann mit dem grauen Schnauzbart muss seinen Cordhut festhalten, als er aus dem Auto steigt. An der L39 weht heute wie überall im Grenzgebiet ein böiger Wind. Und er schnauft noch, als er die fünfzig, sechzig Meter bis zum Messwagen zurückgelegt hat. Vielleicht ist es die Aufregung, vielleicht der schnelle Schritt. Oder eine Kombination aus beidem.

»Sahren Se ma, wat is denn hier los? Ich bin nich mal ganz siebzich gefahrn, wie et erlaubt is, un dann die Blitzerei ... Versteh ich nich!«

»Einen Moment, bitte«, sagt der junge Helfer mit der wetterfesten Jacke beschwichtigend. Dann nimmt er einen weiteren Zettel von dem dicken Packen in seiner Linken. »Lesen Sie sich das erst mal durch. Dann werden Sie merken, dass das hier keine Folgen hat. Sie müssen auch nichts bezahlen.«

»Ja gut, aber wieso ...«

»Sie haben doch sicher schon von der Soko Mirco gehört, oder? Damit steht das hier im Zusammenhang. Alles da noch mal erklärt. Wünschen Ihnen eine angenehme Weiterfahrt.«

An diesem Freitag müssen die Leute von der Verkehrsüberwachung ihr diplomatisches Geschick strapazieren. Wir haben vier ihrer Teams für unsere Zwecke eingespannt. An vier viel befahrenen Stellen im Umkreis sind von 20 bis 24 Uhr, also wieder rund um die Tatzeit, Radarfallen aufgestellt. Sie reagieren schon bei Tempo 20, damit wirklich alle erfasst werden – auch wenn das nicht jedem gefällt.

Manche drehen sich nur kurz um und fahren kopfschüttelnd weiter. Andere steigen aus und protestieren vorsichtig, irritiert oder vehement. Bis sie den Info-Zettel in der Hand halten und erfahren, dass weder eine Geldbuße noch ein Eintrag ins Verkehrsregister droht: »Sie sind im Rahmen der Soko Mirco erfasst worden, vielen Dank für Ihr Verständnis …«

Die Radarfallen sollen das Gleiche leisten wie zwei zusätzlich eingesetzte Geräte zur Kennzeichenerfassung. Die arbeiten wie Lichtschranken und können am Tag bis zu siebentausend Fahrzeug-Fronten aufnehmen. Wir wollen sehen, wer hier in welchem Rhythmus durch die Gegend fährt. Deshalb wiederholen wir die Prozedur jeweils nach zwei und nach vier Wochen.

Es sind große Tage für unsere »Hacker«, wie wir unsere Computer-Spezialisten nennen. Wenn ich über den Flur gehe, kann ich sie in den offenen Zimmern hinter ihren Bildschirmen wirbeln sehen. Sie übertragen die Daten der Autos, die geblitzt wurden, in unser System und beginnen damit zu jonglieren. Wo sind mehrfache Treffer, welche Autos sind schon mal bei einem Verkehrsdelikt registriert worden usw.? Noch sind die Datenmengen zu vage und zu groß, um davon sprechen zu können, dass sich hier eine elektronische Schlinge zusammenzieht. Doch das Bild vervollständigt sich von Tag zu Tag. Außerdem sendet die Aktion eine starke Botschaft zum Fenster hinaus, an die Öffentlichkeit wie an den Täter, der sich irgendwo in unserem System – und wahrscheinlich auch in unserer Umgebung – versteckt hält.

Die Soko lebt. Sie ist aktiver als je zuvor. Und sie kommt ihrem Ziel immer näher.

Vielleicht ist Mircos Peiniger gerade in eine Radarfalle getappt; vielleicht wählt er für seine Touren inzwischen andere Straßen. Das müsste jedoch den Leuten auffallen, die seine Gewohnheiten kennen oder sie mit ihm teilen. Plötzlich verhält sich jemand anders als bisher, ohne es plausibel begründen zu können. Wirkt nervös, fahrig, widersprüchlich. Nach wie vor kann ich mir vorstellen, dass es einen Mitwisser gibt. Er (oder sie) traut sich vielleicht nur noch nicht, damit zur Polizei zu gehen.

Noch sind das alles bloß Gedankenspiele. Wie oft versuchen Ecki und ich abends in dem großen, halbrunden Zimmer, die Lage aus der Position eines mutmaßlichen Kindesmörders zu sehen. Einmal um das Schachbrett herumgehen und überlegen, wie der Gegenüber reagieren könnte. Einmal in seinen Kopf hineinkriechen, zumindest ansatzweise. Das Spiel von der anderen Seite aus gesehen.

»Wenn ich das wär, würde ich mein Auto jetzt für eine Weile in der Garage lassen«, sagt Ecki. Er spielt mit einem Apfel, den er von einem anderen Tisch geklaut hat. Ich habe es genau gesehen. »Oder gucken, dass ich die Karre irgendwie loswerde.«

»Loswerden ist 'ne Option«, entgegne ich und fahnde in meiner Jacke nach Zigaretten. Die Vorlust auf fünf perfekte Minuten im angrenzenden Raucherzimmer. Gleich. »Aber wer kauft dir in dieser Gegend jetzt ein Modell ab, nach dem überall gefahndet wird? Wer will jetzt einen alten Passat Kombi?«

»Irgendwas muss er jedenfalls unternehmen, schätze ich.«

»Dann sollten wir alle Möglichkeiten durchspielen.«

Schon bald werden wir in der Soko mit neuen, frisch ausgedruckten Listen versorgt. Sie führen alle Verkehrsunfälle der letzten Zeit auf, bei denen ein Passat Kombi eine Rolle spielte. Sowie alle Fahrzeuge, die aus irgendwelchen Gründen abgebrannt oder zerstört worden sind. Unfall, Vergaserbrand, Sachbeschädigung: Es gibt viele Wege, einen heißen Wagen verschwinden zu lassen.

Und dann finden Suchtrupps in einem Waldstück nahe der Ortschaft Elmpt, die zwanzig Kilometer südlich von Grefrath an der niederländischen Grenze liegt, ein ausgebranntes Autowrack. Es ist ein Kombi, den wir sofort spurenschonend sicherstellen.

Feuchte Augen

»Mirco ist seit 22 Tagen nicht nach Hause gekommen. Für viele ist er ein zehnjähriger Junge, der seine freie Zeit damit verbringt, die Haare zu gelen, jede freie Minute mit seinen Freunden zu verbringen, der den Schulalltag mal mehr, mal weniger begeistert angeht.«

An dieser Stelle muss die lebhafte Frau auf dem Bildschirm das erste Mal gegen die Tränen ankämpfen. Sie braucht einige Sekunden, um sich wieder zu fassen. Währenddessen schiebt sich der Arm des stillen Mannes neben ihr herüber; man kann erahnen, wie er unter dem Tisch ihre Hand drückt. Schließlich konzentriert sich die Frau wieder auf ihren Text und das Mikrophon.

»Für uns ist er einzigartig. Mirco war schon als Baby ein Sonnenschein. Wenn er gelächelt hat, waren alle Sorgen vergessen. Er hat jeden Tag Leben ins Haus gebracht. Kein Essen ohne Lachen. Jetzt ist sein Stuhl leer und sein Zimmer auch. Vor einer Woche war sein elfter Geburtstag, der erste ohne uns. Wir haben alles vorbereitet: Kerzen, Kuchen, Geschenke.«

Sandra und Reinhard S. müssen alle Kräfte zusammennehmen für diesen Aufruf, den das WDR-Fernsehen am Samstag, den 25. September in dem Vorabend-Format »Aktuelle Stunde« ausstrahlt. Aber nicht nur sie: Auch die Mitarbeiter der Soko Mirco, die sich im Dülkener Hauptquartier um den Fernseher scharen, sind in diesen anderthalb Minuten tief berührt. Die härtesten Kripo-Männer haben plötzlich feuchte Augen – mich eingeschlossen.

Wir haben länger überlegt, ob wir Mircos Eltern diesen Auftritt zumuten können. Doch die Chance, auf diesem Weg den Täter zu erreichen, ist den Versuch wert. Die beiden haben zugestimmt; es ist ihre Gelegenheit, sich persönlich einzubringen und an den Rest Anstand zu appellieren, den der Täter hoffentlich noch hat. Damit er wenigstens einen anonymen Hinweis gibt, wo wir den Jungen finden können.

»Ich weiß, dass Mirco etwas Schlimmes zugestoßen ist«, fährt Sandra S. fort, »das spürt eine Mutter. Ich mache mir Gedanken, ob er friert, hungrig ist, Schmerzen hat, nach mir ruft. Wir und seine Geschwister würden ihn gerne in unsere

Arme nehmen und sagen, dass wir ihn liebhaben und alles wieder gut wird.«

Bei den Formulierungen hat meine Frau Uta geholfen, aufgezeichnet wurde der Beitrag am Nachmittag bei uns in Dülken. Technisch sicher nicht perfekt, wie die hibbelige Redakteurin moniert hat, doch als die Dame die Aufnahme erneut wiederholen wollte, bin ich dazwischengegangen: »Sie haben das im Kasten, jetzt machen Sie was draus oder lassen Sie's.«

Und das war richtig so. Jeder Zuschauer sieht, dass sich Sandra S. an der Grenze ihrer Belastbarkeit befindet. Ihre Stimme schwankt ständig, trotzdem arbeitet sie sich tapfer, Satz für Satz, bis zum abschließenden Appell an den Täter vor.

»Falls das Schlimmste eingetreten ist, müssen wir Abschied nehmen, irgendwie weiterleben«, sagt sie und schaut nun durch ihre Brille direkt in die Kamera: »Gib uns bitte unser Kind zurück oder sage, wo wir Mirco finden können.«

Unmittelbar nach der Sendung herrscht große Stille auf unserer Etage. Eine Stille, die durch das sporadische Gurgeln einer Kaffeemaschine eher noch verstärkt wird. Einige haben jetzt schwer zu schlucken, wie man so sagt, und das sind nicht nur die Frauen. Hätte sich hier irgendwer noch gefragt, warum wir diesen Aufwand betreiben, wüsste er spätestens in diesen Momenten die Antwort.

Mircos Eltern werden von uns laufend darüber informiert, was die Soko unternimmt und in welche Richtung sie gerade ermittelt. Das alles nehmen sie so geduldig auf, wie ich es niemals fertigbringen würde – mein Sohn ist vom gleichen Jahrgang wie Mirco. Dabei geraten sie oft ins Staunen, welche Hebel wir in Bewegung setzen. Wie viele Methoden, Gutachten und Experten wir bemühen, um das Schicksal ihres Kindes aufzuklären.

»Wenn man überlegt, was das alles kostet«, sagt Sandra einmal. »Das muss ja in die Millionen gehen ...«

»Aber darüber müsst ihr euch keine Gedanken machen«, sage ich, »und ich tu es eigentlich auch nicht.«

Wir haben einen Apparat angeworfen, der in der Kriminalgeschichte des Niederrheins tatsächlich seinesgleichen sucht. Eine Aufklärungsmaschine, die fast ohne Pause brummt – von morgens um acht bis in den späteren Abend hinein. Zweiundzwanzig Leute schwirren täglich in elf Dienstwagen aus, um Hinweise und Passats zu überprüfen, Zeugen zu befragen etc. Auf jeden von ihnen kommen etwa zwei, die in der Zentrale in Dülken leiten und analysieren, verwalten oder am Telefon sitzen.

Die Frauen und Männer in den Büros sind dabei schnell an logistische Grenzen gestoßen. Sie konnten das Tempo, in dem neue Anhaltspunkte eingetroffen sind, bald kaum noch bewältigen. Das ist deutlich besser geworden, seit wir hier schnellere Leitungen haben und vor allem CASE – ein speziell für umfangreiche polizeiliche Ermittlungen entwickeltes Software-Programm. Bei CASE erhält jeder Hinweis eine eigene Startnummer. Alle Angaben sind exakt in eine spezielle Maske einzugeben. Eine falsche Eingabe, und der gesamte Vorgang ist gelöscht.

CASE hat den Sonderling vom alten Hof genauso gespeichert wie das ausgebrannte Autowrack, das Suchtrupps gerade bei Elmpt nahe der Grenze sichergestellt haben. Einen Tag darauf gibt der Erkennungsdienst allerdings Entwarnung: Das Auto ist ein Opel Omega aus Köln, der bereits Ende Juli gestohlen und möglicherweise bei einer anderen Straftat benutzt wurde.

Am Tag nach dem Fernseh-Appell geben unsere Telefonisten dann die Anrufe von zwei Frauen aus Mülhausen in die Maske ein. Sie haben beide am Abend von Mircos Verschwinden einen lauten, durchdringenden Schrei gehört. Die erste ist die Tochter eines Polizisten, der ihr davon abgeraten hat, sich an die Polizei zu wenden. Die zweite ist Nonne und lebt nicht weit entfernt im Kloster Mariendonk. Beiden hat das Erlebnis bei allem Zögern keine Ruhe gelassen.

Wir ernennen den Vater spontan zum dümmsten Polizisten des Monats und machen uns umgehend zur Abtei Mariendonk auf. Es ist eine Zehn-Minuten-Fahrt in die dunkelste und sumpfigste Bruchlandschaft rund um Grefrath. Hier, am Mülhausener Bend, kann man sich zu später Stunde beinahe jede Gräueltat vorstellen.

Spürhunde am Kloster

»Was für eine furchtbare, bedrückende Geschichte«, sagt die Schwester Oberin, eine aufgeweckte Frau mittleren Alters, unmittelbar nach der Begrüßung. Dann bittet sie uns, ihr in den Klostergarten zu folgen. Wenn es um die Mittagszeit irgendwo besonders schön sei, dann hier.

Der stattliche, über hundertjährige Bau der Abtei Mariendonk ragt steil zwischen Feuchtwiesen, Bruchhölzern und Getreideäckern auf. Hier mag ein andächtiger Mensch viele

Rufe vernehmen. Den einer Krähe, einer Wildgans oder sonst eines Tieres, das unter Umständen ähnlich wie ein Mensch klingt. Wie weit kann man von hier aus in die Nacht hinein hören, wenn sich da etwas ereignet? Und warum hat keine von den gut dreißig anderen Benediktinerinnen, die in dem Kloster leben, einen Schrei vernommen?

Wir haben Jürgen Vieten mitgenommen, unseren Mordermittler aus Erkelenz, der mal zehn Semester Theologie studiert hat. Er ist mit der Oberin schon tief im Dialog, nachdem die uns Schwester Hildegard vorgestellt hat. Die fast achtzigjährige Zeugin hat alle Sinne beisammen; sie geht mit uns um die Abtei herum und zeigt uns die ungefähre Richtung, aus der sie den Schrei gehört hat. Er war so durchdringend, sagt sie, dass sie ihn nicht vergessen konnte.

»Und dann fiel er mir gleich wieder ein, als Ihre Männer hier in der Umgebung nach dem Jungen gesucht haben.«

Als wir eine Stunde später gehen, haben wir die Einladung zu einer Aussegnungsmesse für Mirco, aber kaum verwertbare Erkenntnisse. Was also anfangen mit einem Hinweis, der sich vorerst nicht ausbauen lässt – auch wenn er von einer zweiten Zeugin gestützt wird und noch dazu zur Tatzeit passt?

An diesem Punkt streuen unsere Fallanalytiker vom LKA wieder eine Idee ein. Sie kennen durch einen früheren Fall eine Honorarprofessorin für Phonetik. Frau Dr. Braun von der Universität Trier hat einen Schwerpunkt in forensischer Phonetik. Sie kann in Kriminalfällen die Auffassungsgabe von Zeugen beurteilen und komplette Schall-Gutachten erstellen.

»Sie ist die Expertin, die uns jetzt vielleicht weiterbringt«,

139

sagt Bernd Mertens und wartet ab, ob ich über die Brücke gehe. Und warum sollte ich nicht?

»Könnte man Frau Professor vielleicht mal anrufen?«

»Das könnte man. Ich glaube, ich habe sogar noch irgendwo ihre Karte.«

»Und könnte man sie vielleicht auch einladen, damit sie ein Gutachten erstellt?«

»Könnte man zumindest versuchen …«

Inzwischen konzentrieren sich die Suchtrupps auf die Gegend um die Abtei. Drei Hundertschaften durchpflügen die Wiesen und Bruchwälder beim Mülhausener Bend. Auf ihrem Lauf zwischen Wachtendonk und Vinkrath steigen Polizeitaucher mit speziell ausgebildeten Hunden in die Niers. Woanders bleiben die Mannschaften in morastigem Gelände stecken. Wenn hier je Tatspuren zu entdecken waren, sind sie längst versumpft.

Ich bin im Gegensatz zu anderen noch nicht überzeugt, dass hier der Ort für die Gewalttat an dem Jungen ist. Dafür bräuchten wir mehr als einen anonymen Schrei. Der Anruf aus der Abtei bestärkt mich vielmehr darin, dass in dieser Sache kaum etwas wichtiger ist als Hinweise von draußen. Ihr Aufkommen hat durch die WDR-Sendung noch mal angezogen, war davor aber merklich dünner geworden.

Also veröffentlicht Willy Theveßen im Namen der Gladbacher Polizei am 28. September einen »Offenen Brief des Soko-Leiters«, der sich »an die Menschen in Grefrath und Umgebung« wendet. Darin bedanke ich mich für 2800 Hinweise, die bisher eingetroffen sind, und bitte darum, in der Aufmerksamkeit und Mithilfe ja nicht nachzulassen.

»Auch wir können häufig nicht auf Anhieb erkennen, ob

der Hinweis uns in unseren Ermittlungen weiterbringen kann. Aber wir können die vielen Puzzleteilchen, die sich aus Hinweisen, Spuren und Ermittlungsergebnissen zusammensetzen, mit Hilfe unserer Datenbanken und dank unserer kriminalistischen Erfahrung in unser Bild einbetten. So werden wir den Täter immer weiter einkreisen, und wir sind fest davon überzeugt: Wir kriegen ihn mit Ihrer Hilfe und unserer Arbeit!

Bitte werden Sie nicht müde, uns zu helfen. Rufen Sie an, auch wenn Ihnen vielleicht erst heute bewusst wird, dass Sie eine Beobachtung gemacht haben, die tatrelevant sein könnte. Insbesondere auch dann, wenn Sie meinen: Das weiß die Kommission schon!«

Gut eine Woche später stehen wir wieder an der Abtei Mariendonk. Ein halbes Dutzend Polizisten haben sich nach den Anweisungen von Dr. Braun in der Nähe des Klosters postiert, um von verschiedenen Punkten aus Schreie und Geräusche zu erzeugen. Wer es nicht besser weiß, könnte das hier auch für die Inszenierung eines Freilicht-Theaterstücks halten oder eine avantgardistische Performance.

Die Honorarprofessorin will herausfinden, aus welcher Richtung bzw. in welcher Entfernung der Schrei ausgestoßen wurde. Dazu hat sie auch mit beiden Zeuginnen gesprochen. Dabei deutet alles auf ein Areal, das von unseren Mannschaften schon mal untersucht wurde. Kann es sein, dass hier etwas übersehen wurde?

Noch einmal durchkämmen Beamte mit Spürhunden übers Wochenende die Gegend, leider ohne Resultate. So gut der von den beiden Frauen gehörte Schrei zum Zeitpunkt der Entführung passt, so wenig helfen ihre Aussagen uns konkret weiter. Vielleicht ist es hier gewesen, vielleicht auch nicht. Die Spur ist vorerst nicht abzuklären.

Dafür hat die Schwester Oberin einen guten Vorschlag. Wir sind wieder in dem schönen Klostergarten, um uns zu verabschieden, als sie von den Zimmern für auswärtige Besucher erzählt. »Wir beten alle dafür, dass Sie diesen Fall aufklären können«, sagt sie, »und das werden Sie auch. Und dann kommen Sie vielleicht mal wieder, um für einige Tage ganz und gar auszuspannen. Sie haben einen anstrengenden Beruf.«

Zecken und Zweifel

»Stell dir vor, du müsstest das jeden Tag machen«, sage ich nach einem ebenso ungewöhnlichen wie anstrengenden Arbeitstag zu Ecki. Mein Stellvertreter verzieht nur kurz das zerstochene Gesicht, als hätte er jetzt auch noch in eine Zitrone gebissen.

Wir waren stundenlang auf den Beinen, um die Einsatztrupps draußen zu begleiten. Dabei ging es weniger um die Aufstockung der Truppenstärke als um ein bewusstes Signal: Die großen »K-Köppe«, wie wir Kripo-Leute von den anderen genannt werden, sind sich nicht zu fein. Für die edle Geste bezahlen wir schwer. Überall, wo uns die Zecken in den Feldern erwischt haben, prangen jetzt dicke, rote Flecken. Im Nacken, an Armen und Beinen, im Gesicht. So viel kann man gar nicht kratzen.

Nun wissen wir die Knochenarbeit der Schneckentreter

noch besser zu würdigen. Das sind ja keine tumben Knechte, die wir durch die Botanik treiben, sondern genauso Polizisten wie wir. Ihr Job ist von allen hier mit Abstand der undankbarste. Und die Aussicht, eventuell auf eine halb verweste Kinderleiche zu stoßen, macht die Strapazen nicht gerade erträglicher.

Nach fünf, sechs Wochen sind die 50 Quadratkilometer Suchgebiet dann restlos abgegrast. Das ist der Punkt, an dem wir in der Soko entscheiden, die flächendeckende Suche einzustellen. Ab sofort sind die Felder endlich zur Ernte freigegeben. Überall in der Gegend kann man jetzt sehen, wie sich die mächtigen Landmaschinen in den mannshohen Mais hineinfressen. Wie ausgehungerte Tiere, die von der Leine gelassen wurden.

Es ist der Anfang eines goldenen, sehr warmen Oktobers, aber auch die schwerste Zeit in der Soko. Weil wir eingestehen müssen, den Jungen mit allen uns zur Verfügung stehenden Mitteln nicht gefunden zu haben. Nun kommen die Zweifler und Neider allmählich hinter den Hecken hervor. Wie überall gibt es auch im Polizeiapparat echte Stinkstiefel. Sie sorgen schon dafür, dass ihre Kommentare über Umwege auf unserer Etage landen.

Das gibt doch sowieso nichts. Die finden den nie. Die machen sich nur wichtig und kriegen nichts gebacken. Die treiben einen Aufwand, der viel zu viel kostet. Da wird nur Geld verbrannt.

Zu allem Überfluss ruft nun alle paar Tage wieder ein Dienststellenleiter an, um mehr oder weniger vorsichtig nachzufragen, wie lange wir ihre Leute noch brauchen. An und für sich kein Drama, weil die sogenannten Abordnungsverfügungen sowieso meist zum Monatsende erneuert

143

werden müssen. Aber der Unterton, der in den Telefonaten mitschwingt, wird allmählich dringlicher und der Rhythmus kürzer.

Noch haben wir die vorbehaltlose Unterstützung von ganz oben. Vor Wochen hat uns Landeskriminaldirektor Dieter Schürmann besucht, früher selbst ein Ermittler. Der oberste Kripo-Mann des Landes hat sich bei uns in Dülken umgesehen und die Rückendeckung von der politischen Ebene signalisiert. Außerdem sind die Berichte in den Medien über das Ende der Suchaktion bis auf wenige Ausnahmen verhalten. Ihre Botschaft könnte das Vertrauen der Öffentlichkeit in uns dennoch erschüttern, und das darf auf gar keinen Fall geschehen. Längst melden unsere Telefonisten, dass die Zahl der Hinweise nachlässt. Weniger Anrufe, weniger Mails.

So kommt der Vorabend, an dem ich mit zwei Bier in der Hand ins große Besprechungszimmer marschiere. Dort sitzt Hauptkommissar Eckartz hinter seinem Bildschirm. Er hat seine flinken Radfahrerbeine auf dem Tisch abgelegt. Das Fenster zum Hof steht trotz der Herbstfrische auf Kippe.

»Hör mal«, beginne ich, »wir müssen uns was einfallen lassen. Das geht so nicht weiter.«

»Was geht nicht weiter?«

»Na alles. Wir fallen ja nur noch auf, wenn wir Suchtrupps wegschicken. Dabei müssen wir gerade jetzt zeigen, dass wir noch da sind und weitermachen. Sonst können wir gleich nach Hause gehen.«

»Super. Endlich mal wieder zu Hause.«

»Blödmann.«

»Nee, ich weiß ja schon. Jetzt hol erst mal 'n Öffner. Ich hab hier kein Feuerzeug.«

144

So wird es mal wieder spät in Dülken. Weil dann auch die OFA-Leute dazukommen, also Bernd und Rainer, sowie zwei, drei andere, die am Abend noch nicht aufhören können nachzudenken. Am Ende sind wir uns einig, dass wir jetzt umso mehr auf die Tube drücken müssen. Und wenn wir dafür mal ein paar ausgewählte Journalisten einladen, einen Tag mit uns in der Soko zu verbringen, komplett mit Fotografen und Kamerateams.

Aber all die Zeit hindurch ist ein düsterer Gedanke mit im Spiel. Er sitzt mir im Nacken, wo immer ich auch gehe und stehe. Ich spreche nur nicht darüber, auch nicht mit Uta.

Was ist, wenn gleich das Telefon klingelt, weil irgendwo in der Gegend ein zweites Kind verschwunden ist? Und wenn dabei vielleicht wieder der Passat Kombi entdeckt wurde? Was ist, wenn wir hier noch mal hastig entsorgte Schuhe und Kleider am Straßenrand finden?

Schon jetzt ist zu spüren, dass sich in und um Grefrath etwas verändert hat. Vor den Kindergärten und Schulen stauen sich morgens und mittags die Autos, weil Eltern ihre Kinder nicht mehr alleine auf die Straße lassen. In den vier Ortsteilen sind spielende Kinder nur noch selten, allenfalls in der Gruppe zu sehen. Die Angst vor einem zweiten Übergriff ist überall. Mit ihm würde aus dem anonymen Einzeltäter der anonyme Serienmörder, und das bedeutete Panik in der Region. Dann bräche alles zusammen, was wir uns mit der Soko bis dahin aufgebaut haben. Das Vertrauen der Leute in unsere Arbeit. Ihre Zuversicht, dass sie und ihre Kinder trotz des Mirco-Falls gut aufgehoben sind. Ihre Erwartung, dass wir das aufklären und dann alles wieder ist wie vorher.

Dieser Gedanke lässt sich einfach nicht abschütteln. Er steckt am Tag in meinen Kleidern, wenn ich auf 10 000 Volt hochfahre, und liegt in der Nacht unter meinem Kopfkissen, so dass ich kaum einmal durchschlafen kann. Und dann folgt sofort ein zweiter: Nein, das darf einfach nicht geschehen; nicht auch noch das.

Die Hinweismaschine

»Jedenfalls herzlichen Dank für Ihren Hinweis. Wir werden der Sache nachgehen und uns gegebenenfalls noch mal melden. Ihre Kontaktdaten haben wir ja ... Kann ich Ihnen noch nicht sagen, bevor es ausgewertet ist. Aber grundsätzlich wird bei uns jeder ... Nein, wie gesagt: Kann alles relevant sein, wir sind ja auf solche Beobachtungen ... Also, haben Sie noch mal vielen ... Ja, prima, und besten Dank für ... selbstverständlich, geht in Ordnung ... ja, so machen wir's ... genau ... ja, wiederhör'n!«

Manchmal weiß ich nicht, ob ich Peter Kiewitt alias Kiwi eher bedauern oder bewundern soll. Der geduldigste Mann in unserer Hinweisaufnahme nimmt alle Anrufe von draußen mit derselben, vollendeten Freundlichkeit entgegen. Seine sonore Stimme verleiht den Anrufern das Gefühl, wichtig zu sein. Und seine guten Manieren garantieren, dass alle ausreden dürfen. Auch die Nervensägen, die Nörgler und Nichtsnutze, die ich spätestens nach zehn Sekunden aus der Leitung schmeißen würde.

Kiwi und seine Kollegen müssen oft zweihundert Anrufe

pro Tag annehmen und mit einer Startnummer ins CASE-System einspeisen. Darunter ist alles, was man sich vorstellen kann – und oft genug noch ein bisschen mehr. Manche haben eine Beobachtung gemacht, manche wollen eine Anregung zur Fahndung geben oder bloß ihre Sympathie für die Soko bekunden. Andere fragen, was aus dem Hinweis geworden sei, den sie neulich gegeben haben, und ob sie dafür eine Prämie bekommen.

Kiwi verarbeitet das alles, um es unkommentiert weiterzuleiten. Er sieht mit seinen fünfzig Jahren immer gleich aufgeräumt und irgendwie positiv gestimmt aus. So wenig wie ich ihn je ohne sein Headset gesehen habe, so wenig habe ich ihn je muffig oder gar überfordert erlebt.

Ein Hinweis von der Kripo in Kiel. Irgendwo da oben will jemand gesehen haben, wie sein Nachbar am Abend nach Mircos Verschwinden einen großen Plastiksack in seinem Garten vergraben hat. Wir schicken eine kleine Delegation nach Schleswig-Holstein rauf. Binnen vierundzwanzig Stunden lässt sich aufklären, dass da überhaupt nichts vergraben wurde. Dafür besteht seit längerem eine Privatfehde zwischen den Nachbarn. Hier hat der eine den anderen auf Spritkosten der Soko anzuschwärzen versucht.

Noch ein Hinweis aus der Gemeinde Grefrath. Im Ortsteil Mülhausen hält sich seit einiger Zeit ein seltsamer Mann auf, der hauptsächlich in seinem Fiat Pancetta lebt. Darin fährt er tagsüber durch die Gegend, um Schulkinder im Maisfeld zu erschrecken. Dieser Kerl entpuppt sich als sonderbarer Desperado, der wirre Notizen schreibt und gut 50 000 Euro in bar mit sich herumträgt. Ein Verdächtiger wie aus einem schrägen Film. Die Geldbündel sind der Erlös aus einer gekündigten Versicherung, eine ganz legale Transaktion. Und die Notizen, die von unseren Leuten ausgewertet werden, ergeben nicht den geringsten Sinn. Wie sich auch sonst keine konkreten Anhaltspunkte finden, dass dieser Desperado mehr ist als nur ein reichlich abgedrehter Einzelgänger mit tausend Zetteln und anderen Merkwürdigkeiten.

So viele Ansätze, so viele Richtungen. Zum 1000. und 2000. Hinweis, den er mit seinen feinen Händen ins System eingibt, haben wir Kiwi eine Urkunde überreicht. Sie sollte sagen: Respekt, ganz großer Sport! Mitte Oktober sind es dann schon über 4000. Kiwi und seine Kollegen gehen damit um wie ein Pastor: Sie nehmen jeden an, ganz gleich wie er daherkommt.

Die Hinweise stammen von beflissenen Bürgern, die helfen wollen. Von überspannten Neurotikern, Witzbolden, Selbstdarstellern, Schamanen und Wünschelrutengängern, die uns anbieten, Mircos Leiche aufzuspüren. Ab und zu stammen sie auch von Menschen, die sich als Mörder des Jungen ausgeben. Die möchten gern abgeholt und verhaftet werden, doch leider können wir ihnen den Wunsch nicht erfüllen. Weil sie sich in einer Schuld suhlen, die nur in ihrer Phantasie existiert.

Auch diese Selbstanzeigen werden zunächst wie alle anderen erfasst. Weder CASE noch Kiwi sollen zwischen relevanten und irrelevanten Hinweisen, aufrechten Zeugen und überreizten Spinnern unterscheiden. So speichern wir über die Wochen und Monate auch manche Einlassung fürs Kuriositätenkabinett, die meisten in freizügiger Rechtschreibung.

»Ich möchte Sie darüber informieren, dass ich das Bild von Mirko an einen Schamanen in Peru gesendet habe. Ich habe es getan, weil ich diesen Schamanen kenne und ich die Erfahrung gemacht habe, dass diese Person ›hellsehen‹ kann. (…) Bei der Such-Diagnose von Mirko wurden drei Personen bei der Entführung festgestellt und es wird aus diesem Grund vermutet, dass es mit der Mafia (Organmafia) zu tun haben kann. Das ist aber nur eine Vermutung wegen der drei Personen.« (per Mail)

»Ich möchte auch mitteilen, was ich gesehen habe, ich habe mich gleich Montag, am 6. 9. rein geklingt um zu sehen was mit dem jungen ist, ich habe dazu die karten als unterstützung genommen. Ich habe gesehen das er leider nicht mehr unter uns ist, dass es ein mann mittleren alters ist, um die vierzig. Er müsste laut den bildern die ich empfangen habe, einen Bauchansatz haben, dunkles kurzes haar (…) das Gesicht, war leider nicht zu erkennen, ausser das es rundlich war …« (per Mail)

»Guten Tag, ich habe gerade eine Durchsage aus der Geistigen Welt erhalten: Die Zahl: 79. Ohne weitere Zusammenhänge. Mir freundlichen Grüßen …« (per Mail)

Etwa jeder zehnte Hinweis, der eintrifft, ist von dieser Qualität. Dazu kommt unser täglicher Kurt. So nennen wir bald den ausgefuchsten Ermittler von eigenen Gnaden, der hier sieben Tage in der Woche anruft und mailt. Er ist über den Stand der Ermittlungen bestens informiert, kann jedoch kaum ertragen, wie dilettantisch die Soko vorgeht. Das beginnt beim Entwurf des ersten Hinweisschilds (»in entscheidender Weise mangelhaft«) und hört beim strategischen Aufbau der Ermittlungen noch lange nicht auf.

Immer wieder lässt der tägliche Kurt Hinweise fallen, wie man es besser machen könnte (»Das wäre die erste kriminalistische Schlussfolgerung mit Niveau …«), empfiehlt bald diesen Ansatz und verreißt dann jene Idee. Oder fordert die Entlassung eines Kollegen, der ihn am Telefon nicht länger ertragen mochte.

»… Von daher gehe ich davon aus, dass Anregungen zur Perfektionierung der Fahndung willkommen sind. Außer bei einem Herrn, der in einem Telefonat mit diesen Daten sehr unverschämt wurde, völlig dummes Zeug von sich gab und dann einfach auflegte. Er gehört in hohem Bogen rausgeworfen.«

Irgendwo zwischen den Hinweisnummern 3000 und 4000 geht plötzlich ein Hinweis ein, der sich so anfühlt, als könnten wir unsere Bemühungen bald einstellen und einfach den Täter kassieren – zumindest für die Jüngeren im Team. Eine ältere Dame aus Düsseldorf hat am Abend in der Wohnung über ihr die Stimme einer Frau gehört, die auf einen Mann einredete. Da sei der Name Mirco gefallen, versichert sie, und dann habe es deutlich geheißen: »Stell dich endlich der Polizei!«

Sofort gerät unsere Etage in Wallung. Wir schicken zwei Einsatzteams raus, die gegen Abend mit Zivilfahrzeugen nach Düsseldorf fahren. Sie sollen die Zeugin vernehmen und sich so unauffällig wie möglich im Haus umsehen. Der dezente Auftritt ist bewusst gewählt. Der Mensch, der von uns mit großem Getöse aufgesucht würde, bliebe für seine

Nachbarn ewig verdächtig und könnte sich anschließend gleich eine neue Wohnung oder noch besser einen neuen Wohnort suchen.

Kurz vor dem Aufbruch wundern sich einige, warum Ecki und ich etwas lustlos aus der Wäsche schauen. Man könne beinahe glauben, dass uns das gar nicht interessiert, sagt Dirk, unser Gladbacher Spezialist in Sachen Jugendkriminalität. Vielleicht muss man das so sehen mit Anfang dreißig.

»Das ist doch Scheiße, was die Frau da erzählt«, erkläre ich, »und weißt du auch warum? Da fehlt irgendwas. Es geht alles wunderbar auf, und so ist das Leben nicht. Höchstens in einem ganz schlechten Film.«

Ein paar Stunden später kehren die zwei Teams mit dem Tagestäter im Schlepptau zurück. Sie haben die alte Dame vernommen, die den Hinweis gegeben hat. Und sie haben den Mann einkassiert, der über ihr wohnt und morgen einen Tag voller Fragen über sich ergehen lassen muss. Der fährt keinen Passat Kombi und ist am 3. September nachweislich woanders gewesen. Manchmal aber schaut er sich im Fernsehen einen Krimi an, und dann dringen schon mal ein paar dramatische Sätze ins Stockwerk unter ihm.

Mr Baxter, wo waren Sie am Mittwochabend?
Wo ist Ihre Waffe, Monsieur Defour?
Stell dich endlich der Polizei!

Einen Morgen weiter ist bei uns dann wieder alles wie immer. Einer hat Brötchen für alle geholt. In der Küche blubbern Kaffeemaschinen, in den Zimmern werden Rechner hochgefahren. Dagmar Klingen, unsere gute Fee aus der Datenerfassung, gießt die wenigen Pflanzen. Dann kommen alle im großen Raum zur täglichen Lagebesprechung zusammen. Oder beinahe alle, um genau zu sein.

Peter Kiewitt alias Kiwi ist nämlich bereits am Telefon. Er hat sein Headset auf und grüßt bestens gelaunt, als ich an dem offenen Zimmer vorbeigehe. Frischer Pulli, frisches Hemd, erster Hinweis.

»Aha, und Sie rufen von wo aus … Sind Sie sicher, dass es ein Kombi … Ich werd's mal weiterleiten, und eventuell kommen wir … kann ich Ihnen hier und heute noch nicht … jedenfalls vielen Dank …«

Eine Art Profiling

Wenn mir dann wieder der Kopf brummt, greife ich nach meiner Packung John Player Special und gehe zu Bernd Mertens und Rainer Schlüter. Die beiden Fallanalytiker vom LKA sind an erster Stelle bei uns untergebracht, sie können ihre Ideen jederzeit reinwerfen. Und wenn es gerade passt, kommt Rainer auf eine Fluppe mit nach draußen.

Dann stehen wir zusammen vor dem Eingang der Polizei, frösteln ein bisschen, denken nach und inhalieren. Bis wieder der nötige Abstand da ist. Ich vernichte jetzt zwei Schachteln JPS pro Tag, aber weniger geht einfach nicht. Nicht unter diesen Umständen.

Mehrere in der Soko haben mich gefragt, was »die beiden da« so Großes leisten, das wir nicht selbst erledigen könnten. Ich sage dann jedes Mal, dass das gar nicht der Punkt ist: »Die machen im Grunde das Gleiche wie wir, nur ohne Bier.

Die überlegen sich also schon am Tag, wofür wir erst abends Zeit haben. Weil wir vorher viel zu beschäftigt sind.« Nicht zu reden von der Routine und den Kontakten, die sie mitbringen.

Der akribische Bernd und der joviale Rainer, sie fahren hier auf zwei Gleisen. Einmal geht es um die begleitende Fallanalytik, um Ansätze und Methoden, die mit früheren Fällen abgeglichen werden. So ergeben sich Hinweise, welche Fehler gerade am Anfang vermieden werden können und welche Wege eventuell weiterführen. Dabei fließt auch die Erfahrung aus früheren Kommissionen ein. Die Düsseldorfer OFA-Spezialisten sind darin immerhin so gut, dass sie des Öfteren auch von anderen Landeskriminalämtern angefragt werden.

Außerdem gibt es seit einigen Jahren eine internationale Datenbank mit besonders schweren Gewaltdelikten, die man beim Verdacht einer Serie heranziehen und auf Parallelen untersuchen kann. Dieses System wurde zuerst in Kanada entwickelt und heißt Violent Crime Linkage Analysis System, kurz VICLAS. Auch damit können Bernd und Rainer arbeiten. Immer wieder tauchen sie an ihren Rechnern in die Welt der schwersten Mord- und Entführungsserien ab, um nach Übereinstimmungen mit unserem Fall zu suchen.

Das klassische Profiling ist dabei keine leichte Aufgabe. Was wir bis jetzt über den Täter wissen, ergibt noch keine klaren Konturen. Er muss Auto fahren können, dürfte also zwischen siebzehn und achtzig sein. Zugegeben, das klingt fast erbärmlich. Außerdem kennt er sich so gut auf diesen Straßen aus, dass er hier wohnen dürfte. Mehr Schlüsse ließen sich vielleicht ziehen, wenn es eine Leiche gäbe, an der unser Rechtsmediziner durch die Obduktion etwas über das Täterverhalten ablesen könnte. Aber wir haben keine Leiche.

Es dauert ein, zwei Zigaretten, bis Rainer mir erklärt hat, wie sie unter den gegebenen Umständen vorgehen wollen. »Wir müssen versuchen, in diese Handlungsorte eine Handlungsweise hineinzubringen«, sagt er. »Das heißt, die Logik oder den Impuls zu erkennen, warum der Mensch, den wir suchen, so vorgegangen ist. Damit erzählt er eigentlich immer auch was über sich.«

»Er hat ja offenbar große Angst gehabt, dass man in seinem Auto was finden könnte«, sage ich. »Wirft die Klamotten so schnell es geht zum Fenster raus und fährt wieder zurück. Statt sie in aller Ruhe zu Hause zu entsorgen.«

»Ja, aber warum? Vielleicht, weil er nicht alleine lebt und dort schon jemand auf ihn wartet. Jemand, der auch schon mal in sein Auto steigt. Deshalb muss da ganz schnell wieder alles picobello aussehen.«

»Interessant. Jemand mit einer festen Beziehung, der im Grunde lebt wie …«

»Wie du und ich, genau. So könnte es jedenfalls sein.«

Ich trete meine Kippe aus und mustere die Passanten, die auf der anderen Seite unserer Straße gehen. Jeder von denen sieht so harmlos aus.

»Wir werden das alles eines Tages genauer wissen, Rainer. Davon bin ich fest überzeugt. Wenn wir mal hier abziehen, fehlen gleich zwei.«

Der Profiler nickt. Er weiß, was ich meine: Haben wir Erfolg, wird nicht nur das Opfer, sondern auch der Täter fehlen.

»Also weiter!«, sage ich munter und schmeiß meine Kippe weg. Da ist er wieder, der Mannschaftskapitän.

Nasa-Fotos und Massendaten

Noch im Oktober landet eine wichtige Mail vom Volkswagen-Konzern in unseren Computern. Sie enthält im Anhang eine gigantische Excel-Datei mit den Fahrgestellnummern aller Passat Kombi B6 der einfachsten Ausstattungsvariante, die seit Verkaufsbeginn (2005) abgesetzt wurden. Die Liste konnten wir in Wolfsburg anfordern, nachdem die Faserproben von Mircos Jogginghose einwandfrei ergeben hatten, aus welcher Polstervariante sie stammten. Diese Datei umfasst etwa 155 000 Autos; gut 50 000 davon wurden ins Ausland geliefert.

Als Nächstes besorgen wir uns beim Kraftfahrt-Bundesamt in Flensburg die Kennzeichen und Daten der Halter von 105 000 Kombis dieses Modells, die in Deutschland angemeldet wurden. Und schicken ein Rechtshilfeersuchen in die Niederlande, um auch von dort Listen der Halter zu bekommen. So bauen wir eine Datenbank auf, wie ich in der großen Morgenrunde erkläre, die bereits alle potentiell Verdächtigen umfasst.

»Irgendwo da drin ist unser Mann«, sage ich. »Es liegt nur an uns, den herauszufiltern.«

Was das betrifft, verlassen wir uns von nun an zu einem guten Teil auf Armin Saul. »Armin der Wachtmeister«, wie wir in Dülken sagen. Aus irgendeinem Grund ist Armin bei der Schutzpolizei gelandet; dort passt er so gut hin wie eine Möwe ins Kornfeld. Sein ausgeprägtes Talent ist die innige Zwiesprache mit der Software eines Computers. Armin denkt, spricht und atmet ausschließlich in Ketten aus Nullen

155

und Einsen. Er läuft zur Bestform auf, wenn man ihn mit umfangreichen Datensätzen füttert – je umfangreicher, desto besser. Dann kommt der schlaksige Mann mit der randlosen Brille, der mehrere Programmiersprachen beherrscht, erst richtig in Fahrt.

Zusammen mit einigen ähnlich Wahnsinnigen aus der Soko stürzt sich Armin nun auf die neuen Massendaten, um mit ihnen zu jonglieren. Rund um seinen Bildschirm stapeln sich dabei Süßigkeiten und Lebensmittel, die er manchmal sogar aufisst. Seine Mission ist ein großer, rechnergestützter Ausleseprozess. Er soll aus 105 000 Fahrzeughaltern eine Teilmenge rausfiltern, die sich überprüfen lässt. Halter aus der Region und Halter, die hier regelmäßig unterwegs sind – belegt etwa durch ein Verkehrsdelikt.

In einem dieser Fahrzeuge sind die gleichen Textilfasern zu finden wie an Mircos Jogginghose. Davon bin ich fest überzeugt. Und aller Voraussicht nach auch genetische Spuren mit dem gleichen DNA-Code. So erkläre ich es den Teams, während wir morgens gemeinsam unseren Becher Kaffee nehmen. Sie sollen so schnell wie möglich damit beginnen, alle Passat Kombis aus der Gegend zu überprüfen.

Endlich ist in dieser Soko eine stringente Methodik installiert, nach der wir vorgehen können. Endlich sind die Wochen des Abtastens und der Orientierung so gut wie vorbei. Wir wissen jetzt, nach 5000 Hinweisen, wonach wir zu suchen haben und wie. Und jeder in Dülken weiß, was er dazu einbringen kann.

»Wir müssen nur das richtige Auto erwischen«, sage ich in der großen Runde. »Haben wir dieses Auto, haben wir mit Sicherheit auch den Täter.«

Der digitale Wachtmeister gleicht die Liste der Fahrzeug-
halter also mit den Dateien der Verkehrsvergehen ab, die
zwischen Mönchengladbach und Viersen in jüngerer Zeit
registriert wurden. Und sucht alle Kombi-Halter heraus,
die in einem Radius von zehn Kilometern rings um die Abgreifstelle gemeldet sind. Dann alle im Radius von fünfzehn,
dann von zwanzig Kilometern. Daten runterbrechen, Daten
auswählen, Daten eliminieren: Armin wirbelt jetzt, wütet
und flucht. Armin geht es richtig gut.

Wir wollen alle Möglichkeiten abklopfen, wozu sich jemand in dieser Region aufhalten kann, sei es beruflich oder
privat. Und wir wollen einkreisen, welche Halter überhaupt
in Frage kommen. Das ist immer noch eine schwer zu be-
wältigende Zahl. Aber wir haben ja Armin und seine Ha-
cker-Gruppe, die sich voll einbringen. Wann immer Ecki
und ich bei ihnen vorbeikommen, kleben sie mit der Nase
am Bildschirm, auf dem endlose Kolonnen aus Zahlen und
Codes erscheinen.

»Kommt einer von euch mit, 'ne Pommes oder so was
essen?«

»Nee, geht grad nich. Bringt lieber was mit.«

»Was denn?«

»Ist doch egal … irgendwas.«

Außerdem haben wir Dietmar Borgs, den Grefrather
Schutzpolizisten mit dem Spezialauftrag: Er soll alle Aufnahmen von Passat Kombis besorgen, die er zwischen Venlo
und Viersen, Erde und Mond auftreiben kann. Kombis, die
von Überwachungskameras an Tankstellen, öffentlichen
Parkhäusern und -plätzen festgehalten wurden. An Wasch-
straßen, bei Werkstätten, in Radarfallen.

Ich sehe den gelernten Schupo, wie er plötzlich Aufnahmen sammelt, auswertet und archiviert. Und wie er sich die Order, alle Fotos zwischen Himmel und Erde zu besorgen, zu Herzen nimmt. Eines Tages kommt Didi von einem Fliegerhorst in Norddeutschland zurück, wo er sich Aufklärungsfotos besorgt hat. Ein anderes Mal höre ich ihn englisch sprechen. Da telefoniert er mit der NASA in Washington, um bestimmte Satellitenaufnahmen an Land zu ziehen.

Das ist nicht mehr der Dorfpolizist, der an seinem ersten Tag in Uniform auflief und fragte, wie lang er bleiben soll. Das ist Dietmar Borgs, Film- und Fotochef der Soko Mirco, der mich mit lässiger Geste hereinbittet, wenn ich an seiner Tür stehe.

»Ich wusste ja gar nicht, dass du so gut Englisch sprichst.«

»Tja, du warst wohl nicht der Einzige auf der Schule.«

»Nee, Didi, war ich sicher nicht.«

»Und, helfen dir die Fotos?«

»Bisher nicht. Nicht richtig. Aber mach mal weiter damit ...«

Siebenundzwanzig Folien

Es gibt 27 Stellen, an denen ein Fahrer oder Insasse mit den Fahrzeugteilen eines PKW in Berührung kommen kann und dabei möglicherweise Spuren hinterlässt. Das ist jedenfalls die Überzeugung von Jürgen Theissen, der als Leiter der Kriminaltechnik bei der Mönchengladbacher Polizei auch unserer Soko angehört. Unser Cheftüftler mit der randlosen Brille hat für die Faserproben, die unsere Beamten inzwischen von jedem Passat Kombi B6 aus den umliegenden Kreisen nehmen, eine Vorlage entwickelt. Darauf sind alle 27 Stellen mit Zahlen markiert, von der Verkleidung der Beifahrertür (1) bis zur Innenseite der Heckklappe (27).

Diese Vorlage wird für unsere Einsatzteams ab sofort das verbindliche Handlungsmuster. Sie sollen alle 27 Stellen der Fahrzeuge mit einer dünnen Folie abkleben, an der die Fasern beim Abziehen haften bleiben. Die 27 Folien wandern dann in eine größere, beschriftete Plastiktüte. Sobald wir wieder 20 bis 25 davon zusammenhaben, schicken wir sie in die Labors des LKA in Düsseldorf. Dort werden die Fasern unter wassergelagerte Mikroskope gelegt und auf Übereinstimmung mit den Fremdfasern auf Mircos Jogginghose geprüft.

Haben wir dort einen Treffer, so haben wir auch den Mann, der im Passat mit Mirco in Berührung kam – und damit höchstwahrscheinlich den Täter.

Das ist Fleißarbeit pur. Jeden Morgen schwirren unsere zweiköpfigen Teams wieder aus, um die Autos am Wohnort ihrer Halter *abzukleben*. Eine fisselige Prozedur, die jeweils knapp eine Stunde dauert. Wie die Bienen von Blüte zu Blüte eilen sie von Passat zu Passat. Gleichzeitig sammeln sie auf freiwilliger Basis Speichelproben ein. So können wir außerdem den DNA-Code der Halter mit jenem abgleichen, der anhand der fremden Spuren auf Mircos Hose ermittelt wurde.

Am Ende der Kampagne wird jedes Team rund 250 Autos abgeklebt haben. Das sind je 250 Tüten mit je 27 hauchdünnen, klebrigen Folien, die zunächst aufgeschnitten werden müssen. Damit sie sich beim ersten zarten Windstoß verheddern oder sich einem um die Finger wickeln können. Bis die Finger in der Kälte blaurot sind und die Folien unbrauchbar. Ich weiß das so genau, weil wir uns für zwei Tage auch mal daran versucht haben, Ecki und ich. Für ihn ein ziemlicher Schlauch, für mich eine echte Tortur. Weil ich weder die Geduld noch das Talent habe, an so kleinteiligen Dingen zu kniepeln.

An dem Nachmittag, als wir von der zweiten Tour zurückkommen, werden wir natürlich schon auf dem Flur erwartet. Jeder will wissen, was die *großen Meister* bisher geleistet haben. Denn jeder ahnt, dass wir keinen Rekord aufgestellt haben.

»Na, Chef, wie viele habt ihr denn bis jetzt?«

»Wollt ihr das wirklich wissen?«

»Ja sicher.«

»Fünf. Sind genau fünf.«

»Na großartig! Da seid ihr zwei ja ganz weit vorne.«

»Jetzt mal 'n bisschen nett. Wir haben ja auch erst gestern angefangen.«

»Tja, seht ihr! Wir machen das täglich – und bringen immer sieben, acht. Jeder.«

»Aber die fünf braucht ihr nicht mehr abzukleben. Ihr solltet uns Blumen auf den Schreibtisch stellen.«

Ich bin froh, dass diese gigantische Untersuchung jetzt reibungslos läuft. Nach der Hektik und den logistischen Problemen der ersten Wochen steht da endlich ein Apparat, mit dem wir methodisch vorgehen können. Und die Menschen, deren Wagen wir abkleben, verhalten sich fast durchweg kooperativ. Händigen ihre Schlüssel aus und gehen wieder ins

Haus bzw. in ihre Wohnung zurück. Fragen oft noch, ob sie Kaffee machen sollen, und lassen geduldig den Speicheltest über sich ergehen.

Am Ende sind es gerade mal drei oder vier, die von ihrem Recht Gebrauch machen, diesen Test zu verweigern – alle merkwürdigerweise Lehrer, die an hiesigen Schulen unterrichten. Die entsprechenden Folien werden extra markiert und in den fasertechnischen Laboren bevorzugt untersucht.

Andere fahren mit ihrem Wagen unaufgefordert in Dülken vor, damit er gleich vor Ort abgeklebt werden kann. Wie das Pflanzen-Center in Kleve, das uns alle 45 Passats aus seinem Fuhrpark vorführt. So bietet sich mir in diesen Wochen vom Fenster aus oft ein chaotisches Bild: Lauter baugleiche Kombis, die da mit unseren Einsatzwagen den kleinen Innenhof und die Zufahrtstraße zugeparkt haben. Das ganze Areal hoffnungslos mit Autos zugepflastert.

Dabei vergeht kein Tag mehr ohne die Standardfrage: »Schon was Neues aus Düsseldorf gehört?« Die Spezialisten vom LKA brauchen ein, zwei Tage, bis sie mit den Untersuchungen durch sind. Nicht zuletzt, weil das Nebengebäude an der Völklinger Straße im Stadtteil Bilk abgerissen wird. Sobald die Bohrhämmer losdonnern, müssen die hochempfindlichen Mikroskope in den Labors ausgeschaltet werden.

Es ist jedes Mal die gleiche Hoffnung, wenn ein neuer Schwung Folien ins LKA gebracht wird – und jedes Mal die gleiche Ernüchterung, wenn mich Dezernatsleiter Michael Stauber anruft.

»Ja, Michael, was haben wir für Neuigkeiten?«

»Wie bisher, Ingo. Viele Proben, keine Treffer.«

»Ist ja wie bei eurer Fortuna, hätt ich fast gesagt.«

»Damit kannst du mich nich' ärgern. Ich bin kein Fußballfan.«

»Dann schicken wir euch jetzt einfach mal ganz schnell neue Proben.«

»Ist in Ordnung, wink ich durch.«

Die Faseranalysen des nordrhein-westfälischen LKA sind führend in der Bundesrepublik, hier sind wir bestens aufgehoben. Für einen genaueren DNA-Abgleich möchten wir dagegen mit dem LKA in Hessen zusammenarbeiten. Da wenden sie eine Methode an, bei der winzige Hautschuppen untersucht werden. Dieser Ansatz wurde vom dortigen Dezernatsleiter Dr. Harald Schneider entwickelt und ist zukunftsweisend, da sind sich die meisten deutschen Kriminaltechniker einig.

Bis die Düsseldorfer sich überreden lassen, den Wiesbadenern die Faserproben zur Untersuchung auf Hautschuppen zu schicken, braucht es allerdings noch mehrere Gespräche auf höchster Dienstebene. Zuerst haben sich einige im nordrhein-westfälischen LKA geweigert, die Proben weiterzuleiten. Es gibt nämlich Polizeibeamte, die auch in den Zeiten der Eurozone nicht weiter als bis zur Grenze ihres Bundeslandes denken. Aber das kann nicht unsere Aufgabe sein. Wir wollen Mirco und seinen mutmaßlichen Mörder finden, so schnell es geht.

Das Auto der Nation

»Und, schon was Neues aus Düsseldorf?« – »Cheffe, was sagt das LKA?« – »Du sagst ja Bescheid, wenn die was finden oder so ...« – »Na, war heute schon was?« – »Die lassen sich aber mal wieder Zeit!« ...

Der leitende Ermittler einer Sonderkommission ist die erste Adresse für jeden Mitarbeiter, der auf den neuesten Stand gebracht werden will. Im Gegensatz zu diesen darf er jederzeit behelligt werden und hat über alle Abläufe voll informiert zu sein – oder soll wenigstens so tun. Dabei weiß auch ich manchmal nicht, wo gerade der Ball ist, und muss abwarten, wie sich der Ermittlungsstand entwickelt. Wenn er sich denn entwickelt.

Bis Ende Dezember werden unsere Einsatzteams 2500 Fahrzeuge abkleben, die meisten mit Viersener und Klever Kennzeichen. 2500 Tüten mit jeweils 27 Folien, die von den LKA-Spezialisten akribisch untersucht werden. Bisher ist das Fahrzeug, das wir suchen, noch nicht darunter. Trotzdem bin ich weiterhin sicher, dass wir auf diesem Weg zum Täter gelangen. Aber vielleicht müssen wir die Schlinge, die sich zuziehen soll, noch weiter fassen.

Wie viele fahren hier durch die Gegend, Pendler oder Wochenendfahrer, die ihren Passat woanders angemeldet haben? Wer nutzt dieses Modell im Außendienst eines Unternehmens als Leasing- bzw. Firmenwagen? Und wer hat es in letzter Zeit plötzlich abgestoßen oder stillgelegt?

Unsere Fallanalytiker vom LKA haben das Profil eines ortskundigen Täters skizziert, der in einem mehr oder we-

163

niger festen Rhythmus hier auftaucht und unter Umständen auch wohnt. Dazu würde auch ein Wagen passen, der woanders registriert ist. Den kriegen wir aber nur, wenn wir die Suche aufs gesamte Bundesgebiet ausdehnen – und damit bald an die Öffentlichkeit gehen. Da draußen glaubt man bis jetzt, dass wir von einem dunklen Kombi ausgehen. Wobei die Farbe für uns alles andere als verbindlich ist: Welcher Wagen erscheint abends um zehn nicht dunkel?

Am 29. Oktober gibt unser Pressesprecher Willy also die bundesweite Fahndung nach dem Passat Kombi raus. Sie zirkuliert als Pressemitteilung sowie als internes Mitfahndungsersuchen an alle Landeskriminalämter und Kriminalkommissariate für Tötungsdelikte (KK 11). Darin heißt es:

»… Die Soko Mirco möchte mit Hilfe aller Polizeidienststellen im Bundesgebiet überprüfen lassen, welche VW Passat Kombi mit Grefrath in Verbindung zu bringen sind. Daher fragen die Ermittler, welche Unternehmen/Behörden/ Institutionen über Firmen- oder Dienstwagen VW Passat Kombi der aktuellen Baureihe (Baujahr 2005 – 2010 / Modell B6 = 3C) verfügen und einen regionalen Bezug zum linken Niederrhein (Kreis Viersen / Grefrath) besitzen. Aber auch Privatpersonen werden gebeten, Hinweise auf Passat Kombis zu geben, von denen ihnen bekannt ist, dass sie regelmäßig im Bereich linker Niederrhein unterwegs sind. Darüber hinaus hofft die Soko auf Hinweise zu Fahrzeugen dieser Baureihe, die jetzt plötzlich unter einem Vorwand (Motorschaden, Unfall oder Ähnliches) nicht mehr bewegt werden. Die örtlichen Polizeibehörden werden ersucht, diese gemeldeten Fahrzeuge auf einen möglichen Bezug auf die Region Grefrath zu überprüfen.«

Von nun an steigt die Zahl der Hinweise aus allen Himmelsrichtungen. Es melden sich Unternehmen und Behörden von Bayern bis Schleswig-Holstein, private Halter und Autohändler, und wir gehen bis zum Beweis des Gegenteils jeder Spur nach, die etwas verspricht. Quasi über Nacht wird der Passat Kombi, wenn man so will, zum Auto der Nation.

Dadurch wird aber auch Kritik laut. Im Internet sind sich Jurastudenten und kritische Anwälte in ihren Foren einig, dass mit der flächendeckenden Fahndung alle Fahrer dieses Modells prinzipiell verdächtigt und damit stigmatisiert würden. Ein ganzes Land solle aufgehetzt werden, um sie zu observieren, zu bedrohen und zu denunzieren. Aber wie, bitte, soll es sonst gehen? Wonach sollten wir überhaupt noch fahnden, wenn wir die einzig sichere Spur bei unseren Ermittlungen nicht erwähnen dürften?

Ich bin ganz froh, für solche Spiegelfechtereien momentan weder Zeit noch Nerven zu haben. Zumal wir mit dem Fahndungsaufruf personell kurzfristig noch mal aufstocken dürfen. Man genehmigt uns weitere fünfzehn Leute; damit erreicht die Soko Mirco jetzt einen Rekordwert von über achtzig Mitarbeitern. Am Mühlenberg in Dülken gibt man uns zusätzliche Büros im Erdgeschoss dazu.

Nicht nachlassen, sondern weiter zulegen: Das ist das beste Signal, das wir jetzt geben können. Nach innen, wo die Ersten von uns dabei waren, etwas von ihrem Drive zu verlieren. Ich hab es morgens in der großen Runde und auf dem Flur hier und da gespürt. Aber auch nach außen, wo wir auf neue Hinweise hoffen. Und wo sich der Mann aufhält, der Mirco weggerissen hat.

Vielleicht steht er gerade an einem Kiosk oder sitzt in ei-

165

nem Café, um sich aus der Zeitung über den Ermittlungsstand zu informieren. Oder erfährt während der Nachrichten im Fernsehen von der bundesweiten Fahndung. Soll er doch nervös werden, wenn er merkt, welchen Apparat wir bewegen. Und dann vielleicht den entscheidenden Fehler machen.

Wir wissen genau, welches Auto du fährst. Und wir setzen alles in Bewegung, um dich zu kriegen. Bis wir dich haben.

Parkplatzhelden

Am Montag, den 8. November meldet das große Boulevardblatt die erste schwere Fahndungspanne in der Soko Mirco. Wir haben bisher viel Glück gehabt mit den Vertretern der Medien – sicher auch ein Erfolg des offenen Umgangs, den wir von Anfang an gepflegt haben. Aber jetzt sind wir fällig: weil wir einen Augenzeugen aus dem westfälischen Lünen übersehen haben, wie es heißt, der auf dem Parkplatz eines Supermarkts etwas äußerst Brisantes beobachtet hat.

»Ich stand neben einem schwarzen Passat Kombi«, sagt der Frührentner (60) in der Story, »sah einen Jungen reglos auf dem Rücksitz liegen. Mir fiel der verschleppte Mirco ein. Plötzlich tauchte ein Mann auf, er bemerkte, dass ich in den Passat schaute. Er senkte den Kopf, stieg wortlos ein und gab Vollgas.«

»Der Frührentner entdeckte an einer Tankstelle einen Streifenwagen«, wird in dem Artikel berichtet, »sagte den Beamten, was er gesehen hatte, erzählte von dem Hamburger Kennzeichen. ›Die meinten nur, das mit Mirco sei doch ganz woanders. Und das Kennzeichen deute auf einen Leihwagen hin. Das sei alles sehr schwierig herauszufinden.‹«

Nach Bekanntgabe der bundesweiten Fahndung nach dem Auto habe er die Hotline der Soko angerufen, so der Zeuge. »Doch da hieß es nur: Wenn die Kollegen das damals als harmlos eingestuft haben, wird das wohl so sein. Ich dachte, ich spinne!«

In den nächsten achtundvierzig Stunden bekomme ich so viele Anrufe von höheren Ebenen wie noch nie. Alle wollen wissen, wie uns so ein blöder Fehler unterlaufen konnte. Und jammern, dass das positive Image der Soko mit einem Mal beschädigt sei. Auch wenn sich Willy in dem Boulevardblatt bei dem Zeugen entschuldigt hat.

Am nächsten Morgen berate ich mich mit unserem Pressesprecher, was jetzt zu tun ist. »Der dicke Willy«, wie er sich hier großzügig nennen lässt, ist allgemein sehr vorsichtig; er würde mir nie unaufgefordert Ratschläge erteilen. Sobald ich aber einmal bei ihm Platz nehme, läuft er zu unserer Kaffeemaschine, kommt mit zwei gefüllten Bechern zurück und macht sich locker. Dann hört man auch seinen Gladbacher Akzent wieder stärker durch.

»Et hilft nix, Ingo«, sagt Willy und holt zwei große Becher hervor, »wir müssen da hin. Wahrscheinlich is nix dran an der Jeschichte. Aber wir müssen da aufkreuzen. Schon um zu zeigen, dat wir den ernst nehmen.«

»Aber du hast dich doch schon entschuldigt, gestern.«

»Ja klar. Nur haken die mit Sicherheit nach, ob wir uns wenigstens jetzt kümmern. Wat glaubst du denn?«

Am nächsten Tag schicken wir zwei Einsatzteams nach Lünen und machen uns hier über den Frührentner kundig.

167

Dabei entpuppt sich der wachsame Mann als ehemaliger Krimineller, der sein halbes Leben in unterschiedlichen Gefängnissen verbracht hat. Und jetzt, da er genauer überlegt, ist er auch nicht mehr so sicher, wer oder was in diesem Auto auf der Rückbank lag. Die Nummer, die er damals angerufen haben will, ist im Übrigen weder die der Hotline, noch gehört sie zu unserer Soko oder sonst einer Polizeidienststelle.

Einige Tage später treffe ich zusammen mit Willy den Chefreporter des Blatts im Westen, er möchte ein Exklusiv-Interview. Eine gute Gelegenheit, ein paar Dinge klarzustellen. Neulich war da eine Geschichte über den Müll am Parkplatz Heitzerend, den wir trotz der Funde angeblich nicht weiter untersucht hätten. Und jetzt diese Story aus Lünen, die genauso wenig haltbar ist. Wir sind für diesen Morgen auf dem Parkplatz am Eisstadion in Grefrath verabredet. Eine eigenartige Szenerie für einen handfesten Streit. Aber sobald ich auf den Mann und seinen Fotografen zugehe, steigt in mir die Wut der letzten Tage hoch.

»Was machen wir denn jetzt?«, höre ich mich sagen. »Sollen wir uns gleich kloppen, oder führen wir zuerst das Interview?«

»Was soll das denn?«, bellt der Chefreporter zurück. »Sie haben doch 'n Knall oder was!«

Ich muss einmal tief durchatmen, um mich zu beherrschen. Dann bin ich wieder halbwegs klar.

»Wisst ihr eigentlich, was ihr da angerichtet habt mit dem Geschreibsel? Von wegen Fahndungspanne!«

»Ja, aber bitte! Das ist doch Pressefreiheit!«

»Pressefreiheit? Das ist Eierscheiße, was da stand! Sagen Sie mir doch mal, warum ihr so 'n Mist fabriziert! Euer

Rentner weiß gar nicht mehr, was da gewesen sein soll. Und falls es Sie interessiert: Den ganzen Müll vom Parkplatz hatten wir auch längst sichergestellt. Hättet ihr nur mal vorher fragen sollen.«

»Ach, haben Sie das?«

»Ja, klar. Was glauben Sie denn?«

So fangen normalerweise keine längeren und erst recht keine konstruktiven Gespräche an, doch zum Glück ist Willy dabei. »Jetzt setzt euch erst mal rein«, sagt er und geht zu seinem Wagen, um dort die Türen zu öffnen. Im Auto gehen Plastikbecher mit Kaffee rund. Das trägt spürbar zur Entspannung bei. Plötzlich können wir vernünftig reden, und das tun wir, mindestens eine halbe Stunde lang. Die schnellen Jungs vom Boulevard haben um die Soko herum recherchiert, statt uns direkt mit den Vorwürfen zu konfrontieren. Ein Fehler, der uns um Tage oder Wochen zurückwerfen kann.

»Wenn die Leute so was lesen, haben sie kein Vertrauen mehr«, erkläre ich. »Sie glauben dann, dass wir Hinweise übergehen. Und wenn es so weit ist, können wir einpacken.«

»Okay«, sagt der Chefreporter und nickt. Einen Moment später werden die Türen geöffnet. Willy grinst, während alle aussteigen, und der Fotograf fragt, ob er noch ein paar Aufnahmen machen kann: der Soko-Chef und sein Pressemann vor dem Grefrather Eisstadion.

»Klar könnt ihr Fotos machen«, sage ich.

Ein kaputtes Handy

Am 17. November meldet die Landesstraßenmeisterei Nettetal-Breyell den Fund eines Handys. Es ist von einem ihrer Arbeiter nahe der Wackertapp-Mühle an der L39, nördlich von Grefrath entdeckt worden. Der Mann war mit seinen Kollegen gerade dabei, Bäume in der Nähe eines Parkplatzes zu säubern. Das Gerät fiel ihm erst auf, als er schon hineingeschnitten hatte – so versteckt lag es an dem Ahorn unter Müll und Böschungsgras. Es wurde offenbar gegen den Baum geschleudert und ist dabei kaputtgegangen. Nicht viel später liegt es in einer Klarsichthülle auf einem unserer Schreibtische. Auf seiner SIM-Karte steht deutlich der Name Mirco.

Und dann hat Ulrich seinen großen Auftritt. Wie in einem überdrehten Werbespot springt unser netter Telefonist aus Rheydt vor der morgendlichen Besprechung herum wie ein Fußballfan, der ein Tor bejubelt. Dazu brüllt er die Neuigkeit über den Flur, in dem gerade die Putzfrau ihren Mopp schwingt.

»Wir haben das Handy! Mircos Handy! Gerade gefunden!«

Im nächsten Moment bin ich schon bei ihm: »Kannst du vielleicht mal deine Klappe halten? Und erst mal abwarten, was mit dem Ding los ist?«

»Wieso denn? Ist doch großartig, wenn …«

»Halt doch jetzt bitte den Rand, und komm erst mal mit.«

Uli hat keine Routine, wie man sich in einer Soko verhält.

Er hat nicht an die Putzfrau oder sonst wen gedacht, als er die frohe Botschaft verkündete. Und auch nicht daran, dass alles, was hier einläuft, noch überprüft werden muss. »Tut mir leid«, sagt er, als wir unter vier Augen sind, »aber wann bin ich schon mal in einer Soko?«

Wenig später haben wir Gewissheit, dass es sich tatsächlich um das Handy des Jungen handelt – Geräte- und SIM-Karten-Nummer sind identisch. Fest steht auch, dass sich das Gerät um 23:18 Uhr abgemeldet hat. Aber ob das Gerät zu diesem Zeitpunkt abgeschaltet wurde, beim Aufprall gegen den Baum zerschellte oder schlicht der Akku leer war, lässt sich nicht ermitteln. Ebenso wenig können wir klären, welche Nummern Mirco in seinen letzten Stunden und Minuten eventuell noch angerufen hat.

Bei einem Fall in Frankreich, Belgien, Spanien oder Italien, ja beinahe im gesamten Bereich der Europäischen Union, wären die Ermittler problemlos dazu in der Lage. In Deutschland ist die Speicherung von Vorratsdaten aus Mobilfunk und Internet zu Fahndungszwecken seit einem Entscheid des Bundesverfassungsgerichts von 2010 untersagt. Obwohl das gegen eine europäische Richtlinie von 2006 verstößt und die EU-Kommission mit Millionenstrafen droht, wenn die deutschen Bestimmungen nicht daran angepasst werden.

So bleibt Mircos zerstörtes Handy ein Orakel aus Plastik.

Immerhin passt der Fund zu der Fluchtroute des Täters, die wir anhand der Kleidungsstücke rekonstruiert haben. Anlass genug, das Gebiet um die Wackertapp-Mühle erneut zu durchsuchen. Könnte ja sein, dass hier irgendwo der Tatort war. Also rücken noch einmal hundert Suchpolizisten aus, um das vier Quadratkilometer große Waldgebiet auf den Kopf zu stellen. Stellenweise versinken sie mit ihren Taucheranzügen bis zur Hüfte im sumpfigen Morast.

Die Aktion bringt der BILD am nächsten Tag eine schaurige Schlagzeile ein: »Gibt der Sumpf Mircos Leiche nie mehr frei?« Darin schildert eine Reporterin, die vor Ort war, immerhin die Ängste und Nöte der Suchtrupps (»Polizeikommissarin Vallentina Kullnick, 27: ›Ich habe immer ein mulmiges Gefühl, weil ich mit jedem Schritt darauf vorbereitet sein muss, Mircos Leiche zu finden.‹«). Für uns ergeben sich dagegen keine neuen Resultate.

»Eine Leiche im Moor«, sage ich am Morgen zu Willy, als er mir auf dem Flur den Artikel zeigt, »das muss für manche unglaublich prickelnd sein. Dabei ist es doch eher unwahrscheinlich, dass sich unser Mann in seiner Hektik so weit von der Straße weg begibt. Es sei denn, er will auch gern versinken.«

Mein Pressechef hat wieder sein subtiles, kaum wahrnehmbares Grinsen aufgesetzt. Die meisten merken erst mal gar nicht, wenn er sich so amüsiert.

»Das wäre dann die ultimative Story«, sagt er endlich, »Täter und Opfer zusammen im Sumpf.«

Erfreulicherweise gibt es aber noch die Daten der Telefonverbindungen. Damit lässt sich der Weg, den Mirco in seinen letzten Stunden zurückgelegt hat, recht gut vergleichen. Vielleicht lässt sich so eine Geschichte finden, die uns weiterhilft.

Genug Gründe für Armin und Peter »Siggi« Renzel, den Datenjongleur vom LKA, sich auf die zwei fetten Brocken von Massendaten zu stürzen – ein Vorrat aus Hunderttausenden von Verbindungen, die in einem Radius von fünfzig Quadratkilometern registriert worden sind.

Normale Menschen bräuchten wahrscheinlich Jahre, um sich durch diese Datenberge zu wühlen. Aber normal sehen Armin und Siggi schon lange nicht mehr aus. Wenn ich abends an ihren Zimmern vorbeikomme, sehe ich dort nur blasse Gesichter hinter den Rechnern; darin stecken rote Augenpaare, die ausdruckslos vor sich hin starren. Wie die Augen von erschöpften Partylöwen, die nachts um drei mit einer Polaroid fotografiert werden.

Einmal mailt Ecki mir ein Foto von den beiden, das er mit der Handy-Cam gemacht hat. Da sitzen sie in Dülken auf einer Couch und glotzen übermüdet auf den Bildschirm. Zwei Patienten unter Einfluss starker Beruhigungsmittel, könnte man meinen.

»Kann man mit solchen Typen Morde aufklären?«, hat Ecki in die Mail geschrieben.

»Nein, völlig ausgeschlossen«, maile ich zurück.

Private Zuwendungen

Und wo ist *mein* Handy? Ich trage es von 6 Uhr früh bis spätabends durch meinen Tag, um für alle erreichbar zu sein: Mitarbeiter, Vorgesetzte, Zeugen, Journalisten. Es liegt unter dem Handtuch, wenn ich unter der Dusche stehe. Auf dem Frühstückstisch, auf dem Beifahrersitz, auf dem Schreibtisch. In der Jackentasche, in der Hose, irgendwo. Bis es nachts im Schlummer-Modus auf dem Nachttisch landet oder unterm Kopfkissen.

Am Morgen, wenn ich eine kurze Runde mit Carlos drehe, kann ich die ersten Journalisten verarzten. Im Laufe des Tages kommen dann noch zweihundert und mehr Anrufe dazu. Alle naselang muss Ecki mir das Gerät hinterhertragen, weil ich mit dem Kopf schon woanders bin.

Ich stehe mit diesem Fall auf und nehme ihn mit ins Bett. Ich lebe mehr mit den Leuten der Soko zusammen als mit der Frau, die nach ihrem eigenen Feierabend wieder unseren Kühlschrank aufgefüllt und zwei Maschinen Wäsche erledigt hat. Die sich nicht beschwert, wenn ich das wenige, das ich für uns tun wollte, über den Tag wieder vergessen habe.

Sogar die Rose habe ich vergessen. Vor Wochen hat Stefan Groß, unser Mädchen für alles im Büro, eine spezielle Aktion gestartet: Er gab jedem Kollegen eine rote Baccara-Rose für die jeweilige Lebensgefährtin mit, bezahlt von unserem Polizeipfarrer Georg Küpper. Eine kleine Entschädigung für die schwierige Zeit, in der so wenig Platz fürs Privatleben bleibt. Leider habe ich Utas Rose auf dem Rücksitz eines Dienstwagens liegen gelassen, der am nächsten Tag nicht zur Verfügung stand. Wäre kaum aufgefallen, hätten nicht mehrere Frauen in ihrem Beisein begeistert über die Rosen gesprochen.

Uta geht zu den Behörden, Uta geht zur Post. Uta bringt den Müll weg und hält die Bude sauber. Und Uta geht auch noch mit Carlos. Der noch junge, in Amerika gezüchtete Jagdhund ist erst ein halbes Jahr bei uns und eigentlich noch in der Ausbildung. Ich würde mit ihm gern bald auf die Pirsch gehen, aber daran ist vorerst nicht zu denken.

Manchmal, am späten Sonntagnachmittag, geht Uta auch mit ihrem Mann für eine Stunde durch die Felder. Sie fühlt dann immer erst vor, bevor sie nach meiner Arbeit fragt: »Willst du was erzählen?«

Wenn Uta sagt, dass man gerade wenig hört von der Soko, läuten bei mir die Alarmglocken. Wir müssen das Feuer in Gang halten, wenn wir weiterkommen wollen. Müssen zeigen, dass bei uns noch was passiert. Also lassen wir ausgesuchte Reporter und ein TV-Team vom WDR für halbe Tage über unsere Schultern sehen. Schalten Anzeigen in lokalen Zeitungen, ja sogar im Kirchenblatt. Außerdem gebe ich fürs Radio kurze und längere Live-Interviews.

»Wir haben jetzt den Mann am Apparat, der die Suche nach Mirco und seinem Entführer leitet. Den Chef der Soko Mirco. Herr Thiel, wie ist der aktuelle Stand ...«

»Und ich bin jetzt mit Ingo Thiel verbunden, dem leitenden Ermittler der Soko Mirco. Was, Herr Thiel, lässt sich denn Stand heute, zweieinhalb Monate nach dem Verschwinden ...«

Ein, zwei Tage nach solchen Auftritten steigt die Zahl der Hinweise wieder an, und es passieren tausend Sachen. Ein freundlicher Mann in den Fünfzigern steht plötzlich auf unserer Etage. Er zieht einen Scheck über 3300 Euro aus der Jackentasche, um unsere Arbeit zu unterstützen. Exakt diesen Betrag hat er vom Finanzamt als Steuerausgleich erhalten. Den Bescheid legt der Mann ebenfalls vor, damit wir ihm auch glauben. Wir mögen über dieses Geld nach Bedarf verfügen. Hauptsache, es ist für die Soko Mirco.

Leider können wir seine Spende ebenso wenig annehmen wie das Geld, das uns andere Privatiers und Unternehmen zur Aufstockung der Prämie anbieten – darunter Beträge in fünf-, sechsstelliger Höhe. Wir müssten dafür die Identität von Zeugen nach draußen geben, und dagegen hat die Staatsanwaltschaft in Nordrhein-Westfalen etwas. In anderen Bundesländern ist das anders geregelt; da kommen Summen zusammen, mit denen sich unter Umständen auch Komplizen reizen lassen. Aber hier in Dülken muss der Mann, der es so gut meint, mit dem Scheck wieder nach Hause fahren.

Er ist nicht unser einziger Besucher. Manchmal geben Kinder hier eine Liste mit Kennzeichen von Passat Kombis ab, die sie irgendwo auf den Straßen gesehen haben. Manchmal bringen Leute aus dem Ort Kuchen und Kekse vorbei. Und praktisch jeden Tag sind Briefe und Karten in der Post, die einfach nur Sympathie bekunden. Nicht zu reden von den Kerzen, Blumen und Grüßen, die sich weiter an der Abgreifstelle häufen – die kleine Gedenkstätte am Ende der Treckerspur.

Zwischendurch fahren wir selbst immer wieder an diese Stelle. Um eine Pause vom Tagesgeschehen zu machen und zu schauen, was dort so alles liegt und wer sich dort einfindet. Und manchmal auch, um am Ausgangspunkt zu sein. Als müsste sich dort, wo das Rätsel beginnt, über kurz oder lang auch ein Hinweis auf seine Lösung einfinden. Auch Kripo-Männer sind nicht durchgehend rational.

Da sitzen wir dann im fahlen Licht der Laterne, hinter beschlagenen Fensterscheiben, während es draußen immer kälter und dunkler wird: drei, vier auffällig unauffällige Männer, die in einem unauffälligen Wagen am Straßenrand parken, ein Schälchen Pommes essen und vor sich hin brüten. Eigentlich ein Bild für die Götter.

Graue Tage im Advent

Jetzt sind es ziemlich genau drei Monate, denke ich Anfang Dezember, und noch immer kommt von außen vergleichsweise wenig Druck – höchstens aus dem Polizeiapparat. Als hätte es nicht auch schon Kommissionen gegeben, die mit doppelt so vielen Leuten und über ein Jahr lang gearbeitet haben. Oder als wären zigtausend Fahrzeuge mal so eben auf Faserspuren untersucht.

Ich bin allein in dem halbrunden Zimmer, wo die wichtigsten Unterlagen aufbewahrt werden, und blicke auf die kahlen Zweige der Bäume vor dem Gebäude. Die Einsatzteams sind längst unterwegs, um weitere Autos abzukleben. Auf dem Flur stapeln sich die Akten der Spuren, die verfolgt werden, bis zur Decke. In den Postkörben sind neue abgelegt. Manchmal sieht es hier aus wie im Lager einer Versandfirma.

Unsere Methode erfordert konsequente bis stupide Fleißarbeit, jede Hand wird gebraucht. Man muss uns nur in Ruhe gewähren lassen, damit sich die Schlinge allmählich zuzieht. Früher oder später kommen wir auf diese Weise ans Ziel. Am Nachmittag aber habe ich wieder mal einen »Hödi«, einen Mann vom höheren Dienst, in der Leitung.

Ich spiele mit einem Kuli, während großes Lob in meine Ohren dringt. So viel, dass ich gleich Verdacht schöpfe. Nach all den Jahren kenne ich die meisten Tricks, eine schwierige Partie zu eröffnen.

»Phantastische Arbeit«, sagt der Kollege, »und prima Ansätze, da wird ja wirklich jeder Weg gegangen. Aber sagen Sie doch mal, Herr Thiel: Auf welche Leute könnten Sie am ehesten verzichten, wenn die Soko, was ich natürlich nicht hoffe, demnächst personell etwas zurückgefahren werden müsste?«

»Ehrliche Antwort?«, frage ich zurück.

»Aber sicher. Ich bitte darum.«

»Eigentlich nur auf die Putzfrau. Dann machen wir hier selber sauber oder arbeiten im Dreck. Aber von den anderen kann ich keinen ohne Ersatz nach Hause schicken. Nee, geht gar nicht.«

»Okay, Herr Thiel, ich glaube, ich hab verstanden. Es kann allerdings sein, dass da trotzdem noch mal jemand auf Sie zukommt. Jedenfalls drücke ich Ihnen die Daumen …«

»Ja, drücken Sie.«

Die Ungeduld in den oberen Etagen ist in diesen Tagen fast mit den Händen zu greifen. Für manche Kollegen mag es so aussehen, als machten wir kaum Fortschritte. Aber unsere Maschine läuft. Jeden Tag werden neue Faser- und Speicheltests abgeliefert, jeden Tag nehmen wir neue Passat-Fahrer ins Visier. Wir haben nur noch nichts zum Vorzeigen.

In den Blicken der Eltern sehe ich dagegen nie einen Vorwurf. Wann immer wir ihr altes Haus in Grefrath betreten, um sie auf den neuesten Ermittlungsstand zu bringen, haben sie für uns einen frischen Kaffee und ein freundliches Lächeln übrig. Ich habe nicht die geringste Ahnung, woher die beiden die Energie dazu holen. Und es kommt noch ärger.

Eines Morgens stehen Sandra und ihre Mutter mit großen Tüten beladen auf unserer Etage in Dülken. Daraus holen sie für jeden Soko-Mitarbeiter einen Schokoladen-Nikolaus und einen Tannenbaum aus bunter Pappe hervor. Auf der Rückseite der Tannenbäume steht jeweils ein kurzer, handgeschriebener Weihnachtsgruß. Die beiden Frauen stellen das alles auf unsere Tische, falten gewissenhaft die Tüten zusammen und erklären, dass es ein kleines Dankeschön in der Adventszeit sein soll. Und lächeln dabei die gesamte Mannschaft an.

Das ist ein furchtbarer Moment, weil es mich im Grunde beschämt. So viele Soko-Tage ohne ein greifbares Resultat. Wenn sie uns beschimpfen oder wenigstens Vorwürfe machen würden – es wäre leichter zu ertragen als das hier. Es gibt eine Freundlichkeit, die einen fertigmachen kann. Und eine Geduld, die einen mehr antreibt als jeder leitende Polizist, der wissen möchte, wie lange wir noch über all diese Leute verfügen wollen.

Ein paar Tage später frage ich morgens in die Runde, wer Heiligabend und Weihnachten zu Hause bleiben will. Ich möchte es bloß rechtzeitig wissen, damit wir entsprechend planen können. Es ist aber so gut wie keiner dabei, der mehr als einen halben Tag fehlen wird. Nach all den Nikoläusen und Tannenbäumen bringt das einfach keiner übers Herz.

179

Wir arbeiten nun schon seit Wochen in aller Stille, ohne dass die Medien neues Futter bekommen hätten. Deshalb ist von der Soko wenig zu hören gewesen. Meine Mutter hat mich am Telefon gefragt, ob wir noch an der »Geschichte mit dem Jungen« dran sind. Wenn es so weit ist, müssen wir uns Gedanken machen. Also setze ich mich eines Vormittags auf den Schreibtisch von Willy.

»Da draußen denken sie bestimmt schon, bei uns passiert nichts mehr«, sage ich. »Das darf nicht sein. Dann kommt von denen nämlich bald gar nix mehr.«

Willy mustert mich durch seine Brillengläser, ohne eine Miene zu verziehen.

»Was willst du denn tun? Wir können ja keine Neuigkeiten erfinden.«

»Aber wir können uns doch was einfallen lassen. Haben wir nicht bald die hundert Tage voll?«

»Ja, sicher … Hundert Tage Soko.«

So drängen sich zum 8. Dezember mehrere Dutzend Medienvertreter im Besprechungsraum unter unserer Etage um den großen, frisch polierten Konferenztisch. Wir haben kein Konzept erarbeitet und auch keine großen Neuigkeiten zu verkünden. Dafür geben Willy und ich an diesem *Jubiläum* über zwei Stunden lang Rechenschaft, was wir bisher getan haben. Und warum wir nicht jeden Tag mit einer neuen, heißen Spur aufwarten können.

Wir haben bis jetzt 7700 Hinweise zwischen Grefrath und Afrika verarbeitet. Die jüngste Hinweisgeberin war sieben, die älteste siebenundneunzig. Insgesamt wurden bis Anfang Dezember 13 676 Überstunden geleistet, wenn man die Suchtrupps mit einbezieht. In dieser Zeit wurden auf unserer

Etage 170 Pfund Kaffee getrunken. Alles Zahlen, die Willy vorbereitet hat.

Aktuell verfügt die Soko entgegen mancher Widerstände wieder über fünfundsechzig Mitarbeiter. Diese Stärke reiche völlig aus, aus dem enger werdenden Kreis den einen Passat-Fahrer zu finden, um den es geht, sage ich. Und blicke so zuversichtlich in die Runde, wie ich es zuwege bringe.

»Die Vorarbeiten der letzten Wochen und Monate tragen nun endlich Früchte … Wenn wir hier abziehen, wird außer Mirco noch einer fehlen. Der Täter hat bisher nur viel Schwein gehabt.«

Damit könnte der Vorhang fallen. Aber dann hebt ein niederländischer Reporter seine Hand. Er sitzt mir direkt gegenüber, am anderen Ende des großen Konferenztisches, und spricht fast perfektes Deutsch.

»Wie klappt die Zusammenarbeit mit den Niederlanden?«

Falsche Frage. In Sekundenbruchteilen bin ich auf hundertachtzig.

»Die klappt gar nicht, ehrlich gesagt. Wir bekommen schneller Auskünfte aus Polen als aus den Niederlanden. Darum können Sie sich das Schengen-Abkommen von mir aus an die Wand nageln.«

Ich spüre zu spät, wie unterm Tisch ein fremder Schuh auf meinen steigt, und sehe Willys Schnäuzer zucken. »Nein, nicht sagen!«, zischt es darunter hervor. Aber jetzt lässt sich nichts mehr zurücknehmen. Im Grunde will ich das aber auch gar nicht, weil ich genau meine, was ich zur Zusammenarbeit bei der Bekämpfung grenzüberschreitender Kriminalität gesagt habe. All das, was 2005 im sogenannten »Schengen III«-Abkommen so vollmundig vereinbart wurde.

181

Für manche mag das ein Politikum sein. Aber ich kann nicht sagen, dass etwas wunderbar funktioniert, wenn es nicht so ist. Wenn ich weiter auf Daten von Fahrzeugen warte, die jenseits der Grenze, innerhalb unseres Zehn-Kilometer-Radius, angemeldet wurden. Daten, die wir schon vor Monaten angefragt haben.

Jetzt sind ein paar Leute verstimmt, aber das ist mir egal. Mir ist wichtiger, dass wir wieder etwas aufgewirbelt haben. Und unter den vielen neuen Hinweisen, die in den nächsten Tagen bei Kiwi & Co. eintreffen, ist einer besonders interessant.

Eine Frau aus Wankum ruft an. Sie erinnert sich nun, dass ihr am Abend des 3. September ein Mann aufgefallen ist. Der sei mitten im Ort hektisch aus seinem Auto gestiegen, erzählt sie. Und darin habe auf der Rückbank ein Kind gelegen, das sehr laut schrie. Der Zeitpunkt ihrer Beobachtung stimmt mit der Tatzeit in etwa überein.

Ich habe keine Ahnung, warum die Frau erst jetzt, nach gut drei Monaten, mit dieser Geschichte herausrückt. Aber Menschen sind manchmal so, und bevor ich unnötig darüber nachgrüble, schicke ich lieber ein Zweier-Team raus. Mit dem Wagen ist es in etwa zehn Minuten in Wankum.

Auf alten Spuren

Das Niederländische ist zum Greifen nah in der Gemeinde Wachtendonk. Von hier aus sind es zwölf, dreizehn Kilometer bis zur ersten Stadt Venlo. Vieles aus der Welt hinter der Grenze beginnt jedoch schon hier. Alte Bauernschaften wechseln sich in der weitläufigen Landschaft mit spröden Orten ab, wo dunkle Backsteinhäuser und verklinkerte Neubauten hinter knappen Gehsteigen hocken. Irgendwer scheint hier immer erst vor zehn Minuten gefegt zu haben.

Hier liegt die Wankumer Heide, die mit ihrer Orchideenwiese unter Naturschutz steht. Und das kleine Wankum, das neben den Überresten seiner Kaplei nicht mehr viel von seiner tausendfünfhundertjährigen Geschichte zu bieten hat. Aber für Historisches haben Männer, die in einer Zivilstreife der Polizei unterwegs sind, ohnehin kaum Zeit. Sie sind Spezialisten für die Geheimnisse der Gegenwart.

Die knapp vierzigjährige Frau, die unsere Hotline angerufen hat, erweist sich als ebenso nett wie überfordert. Sie weiß nicht, was für ein Auto sie da vor über drei Monaten gesehen hat oder wie alt das Kind auf dem Rücksitz ungefähr war. Auch den Fahrer kann sie nicht so beschreiben, dass wir etwas davon hätten. Damit wird der Hinweis, der so verheißungsvoll geklungen hat, nicht zu einer Spur, und es heißt weiter: Auto für Auto abkleben und die Folien ins Labor schicken.

Jedes Mal hege ich die gleiche Hoffnung, wenn ich Michael Stauber, den Chef des LKA-Labors für Fastertechnik, am Telefon hab. Diese Gespräche sind längst zum Ritual geworden, das wir nur minimal variieren. Mein Standardsatz dabei ist: »Michael, was hast du für mich?« Und seiner: »Ich fürchte, ich muss dich einmal mehr enttäuschen.«

Eines herrlichen Tages wird dieser Mann mich informieren, dass beim Abgleich ein Volltreffer herauskam. Ich weiß es einfach. Bis es so weit ist, können jedoch noch zwei, drei

Monate vergehen. Das ist die Unruhe, die mir jetzt in den Kleidern steckt. Ich habe die Zusage des Kriminaldirektors, dass wir bis Februar über 65 Mitarbeiter verfügen können. Aber was, wenn sich der Treffer bis dahin nicht einstellt?

»Du darfst dich nicht fertigmachen«, sagt Ecki eines Abends, als wir mal wieder die Letzten auf der Etage sind, er, ich und Jürgen Theissen, der noch in seinem Büro telefoniert. »Wenn wir hier im Februar noch dran sind, können wir doch irgendwie verlängern.«

»Oder auch nicht.«

»Die ziehen uns ja nicht gleich alle Leute ab, und bis Ende Februar ist noch was hin.«

»Aber ein Monat ist gar nichts, das weißt du doch. Wie schnell geht bei uns ein Monat um?«

Es ist aber auch möglich, dass wir in den hektischen Anfängen der Soko etwas übersehen haben. Deshalb machen wir jetzt einen Cut und gehen die ersten 2000 Spuren erneut durch. Analysieren mit den Sachgebietsleitern, wo wir vielleicht zu schnell oder nicht konsequent genug vorgegangen sind. Und wo eventuell Fehler gemacht wurden. Eine bewährte Methode, um bei stockendem Ermittlungsverlauf neue Erkenntnisse durch altes Material zu gewinnen.

So landen wir bald noch einmal bei den Betrieben rund um Grefrath, die zur Tatzeit Schichtwechsel hatten. Also auch in der Kunststoff verarbeitenden Fabrik, die keine dreihundert Meter von der Abgreifstelle am Ortsrand liegt. Sie gehört zu einem amerikanischen Unternehmen und produziert mit ihren dreihundertfünfzig Mitarbeitern Instrumenten-Tafeln für Automobilisten. In ihrer überschaubaren Verwaltung gibt es nicht allzu viele Flure und Büros.

Der Leiter der Personalabteilung ist nicht gerade begeistert, als er schon wieder von uns hört. Er hat einige Tage gebraucht, wie er später erzählt, um vom Mutterkonzern grünes Licht zu bekommen. Dafür ist nun von ganz oben abgesegnet, dass unsere Ermittlerin Michaela Rheimann mit ihrem Team jeden Mitarbeiter einzeln sprechen darf. So ausführlich hatten wir das im Herbst nicht durchexerziert.

Wir wollen uns vergewissern, dass wir nichts Auffälliges übersehen haben. Unstimmigkeiten bzw. Abläufe, die merkwürdig waren. Und was das betrifft, stößt Michaela, eine selbstbewusste und geradlinige Kollegin um die dreißig, bald von sich aus auf einen seltsamen Vorgang.

Einer der Arbeiter ist am fraglichen Abend nicht zur Nachtschicht angetreten, obwohl die auf seiner Arbeitskarte gestempelt wurde. Offenbar hat ihm ein Vorgesetzter bei dem Manöver geholfen. So hat er sich zumindest einen Tageslohn erschlichen – vielleicht aber auch ein komplettes Alibi.

Dieser Mann war kurz zuvor von seiner Frau vor die Tür gesetzt worden, erfährt Michaela. Er steckte mitten in der Art Krise, wo die Nerven schon mal blankliegen, und hing im September in der Luft. In so einer Verfassung überschreitet mancher eine Grenze, wenn sich plötzlich die Gelegenheit dazu bietet.

»Das ist der Mann, der für uns interessant sein könnte«, sage ich zu Michaela, als sie mir in Dülken davon erzählt. Gut sortiert und voller Elan wie immer, ist sie bei der Rückkehr gleich ins halbrunde Zimmer geschneit. »Den solltet ihr so schnell wie möglich sprechen. Arbeitet er da noch?«

»Ja, aber vielleicht nicht mehr lange.«

»Dann sollten wir uns beeilen.«

185

Heiß oder kalt

Die ersten dicken Flocken haben keine Chance. Sie schmelzen dahin, sobald sie auf dem Asphalt gelandet sind. Aber innerhalb von ein, zwei Stunden wird das Schneetreiben immer dichter, und bis Mittag ist die ganze Szenerie um das Dülkener Polizeigebäude in Weiß getaucht. Auf den Bürgersteigen am Mühlenberg ziehen vereinzelte Passanten ihre Schultern hoch. Als wenn man dann weniger Schnee abbekommt.

In früheren Jahren war der 25. Dezember für mich der erste Weihnachtstag. Heute ist es der 114. Tag der Soko Mirco. Aber nicht nur für mich. Ecki und ich haben allen freigestellt, ob sie an den Feiertagen arbeiten wollen, und ihnen gesagt, sie sollen nur eine Nummer hinterlassen, über die sie erreichbar sind. Und dass wir sie zusammentrommeln, wenn etwas Entscheidendes passiert. Trotzdem waren wir zur morgendlichen Besprechung annähernd komplett.

In der Küche liegt noch eine Ausgabe des großen Boulevard-Blatts vom 23. Dezember. Darin werden wir in dicken Lettern als Helden der Arbeit besungen: »Sie verschieben die Bescherungen, weil ihnen das Schicksal des Jungen keine Ruhe lässt ...« Wenn das ein Friedensangebot sein soll, nehme ich es gerne an. Wir brauchen hier keine zusätzlichen Fronten.

Wir arbeiten an Weihnachten, an Silvester und an Neujahr. Wir arbeiten jeden Tag. Dabei vernichte ich allein etwa ein Viertel aller Kuchen und Plätzchen, die auf unserer Etage landen. Mit viel Butter und Zucker von den Frauen meiner

186

Mitarbeiter gebacken; oder auch von Grefrather Bürgern. Die Leute hören hier nicht auf, uns mit allem Möglichen zu versorgen. Auf eine Art gehören wir nach knapp vier Monaten für sie schon dazu.

Ich weiß inzwischen, wo es die besten Pommes in Grefrath gibt, die besten Brötchen, die besten Frikadellen und den besten Kaffee im Stehen. Ich weiß so gut wie alles über Grefrath. Doch ich weiß immer noch nicht, wer den Jungen weggerissen hat, wohin und warum. Darum gibt es für mich keinen Anlass, das Tempo der Ermittlungen zu drosseln. Ganz im Gegenteil.

Ich habe Karl-Heinz Malinowski dafür ausgesucht, mit einem Zweier-Team den Schichtarbeiter aus der Fabrik an der Mülhausener Straße zu überprüfen. Kalle ist Hauptkommissar bei der Kripo in Oberhausen, er hat sich freiwillig für die Soko gemeldet und legt dafür nun jeden Tag hundertzwanzig Kilometer zurück. Mit seinem grauweißen, wild wuchernden Schnäuzer und dieser bodenständigen Ruhrpott-Art passt er in viele Arbeitswelten.

»Findet mal raus, was das für einer ist«, gebe ich Kalle auf den Weg, »und ob der ins Profil passt.« Ich sage das wahrscheinlich mehr für mich: Ein routinierter Ermittler wie er weiß von allein, worauf es ankommt.

Nun sind alle drei damit beschäftigt, die Umstände zu überprüfen. Das ist ein mühseliges Puzzle, weil die Teile nicht richtig zu passen scheinen. Etwas an diesem Mann wirkt verdächtig – obwohl er beteuert, an dem fraglichen Abend »zu Hause« gewesen zu sein. Wo soll das sein, wenn er aus der Wohnung der Familie ausgezogen ist?

Ich springe nicht richtig an auf diesen Pechvogel, spüre da

187

kein größeres Gewaltpotential. Nach wie vor halte ich es für wahrscheinlicher, dass unser Mann kein Ersttäter, sondern in irgendeiner Weise schon mal aufgefallen ist. Vielleicht liegt es aber auch an meiner Stimmung.

Wir kommen mit der Soko jetzt ins zweite Kalenderjahr. Die skeptischen Stimmen im Apparat nehmen an Lautstärke und Entrüstung noch mal zu. Höchste Zeit, bei der Überprüfung der Kombis den einen entscheidenden Treffer zu landen.

Da taucht im Januar plötzlich eine zweite Spur auf. Sie wird von Peter Renzel alias Siggi entdeckt, der noch immer dabei ist, zusammen mit Armin die Daten der Netzbetreiber auszuwerten. Ein Meer von Zahlen, durch das die beiden hindurchtauchen. Ich wäre dafür nicht geeignet, aber ihnen macht es vielleicht sogar ein bisschen Spaß.

Siggi hat diese Daten in jeder freien Stunde studiert, dabei kristallisierte sich eine Linie heraus. Und jetzt gibt es keinen Zweifel mehr: Eine der Mobilfunk-Nummern wurde am 3. September immer dort verortet, wo später Mircos Kleider und Schuhe auftauchten. Das lässt auch einem erfahrenen LKA-Mann wie Siggi die Nackenhaare zu Berge stehen.

Sofort versucht er, die Leiter der Soko darauf aufmerksam zu machen. Aber keiner von ihnen ist an diesem Donnerstag, dem 13. Januar, nachmittags im Büro. Jürgen Theissen hat als Chef der Spurensicherung irgendwo einen Termin wahrgenommen. Ecki ist mit einem abgebrochenen Zahn zum Zahnarzt gefahren, und ich bin wieder mal in Grefrath unterwegs.

Deshalb schreibt Siggi eine Mail, um die neue Spur für uns festzuhalten. Ich öffne sie am Abend fast zeitgleich mit Ecki. Ich sitze in dem großen Raum vom Erkennungsdienst und er in dem kleinen Zimmer dahinter. Die Glastür dazwischen steht offen. Wir hocken in der Vorabendstille mit dem Rücken zueinander vor den Rechnern und lesen dieselbe Nachricht:

»Da ermittelt man mal eben den Täter, und ihr? Ihr seid nicht da …«

Jetzt kann ich förmlich spüren, wie mein Stellvertreter innehält. Er und ich, wir sind beide absolut ruhig in diesem Moment. Kein Mucks, keine Bewegung. Und dann ist es Ecki, der als Erster seine Spucke wiederfindet. So wie meistens.

»Hast du das von Siggi gelesen?«

»Hmh.«

»Und, was hältst du davon?«

»Hört sich richtig gut an … Stell doch mal fest, wer das ist. Wem diese Nummer gehört.«

Plötzlich bin ich wieder hellwach. Was Siggi da herausgefunden hat, könnte einen Durchbruch für die Ermittlungen bedeuten. Die Spur eines Handys, das sich genau an die Route des Entführers schmiegt: Das kann eigentlich kaum Zufall sein.

Ich gehe zu Jürgen Theissen rüber, um ihn auf Siggis Mail anzusprechen. Er ist gerade von seinem Termin zurückgekommen. Jürgen ist ein sehr bedächtiger Charakter, aber er versteht sofort, was das für uns bedeuten kann. »Wenn das nicht heiß ist«, sage ich zu ihm, »dann weiß ich's auch nicht.«

189

Am Ende stehen wir alle einigermaßen aufgedreht in unserem Raucherzimmer, um uns auf diese Nachricht noch ein kühles Bier zu gönnen: Ecki, Jürgen, ich und ein, zwei andere, die noch dageblieben sind. Fast hätten wir Siggi einbestellt; aber er hat heute genug getan und soll seinen Feierabend genießen.

133 Soko-Tage, und plötzlich die erste richtig heiße Spur.

Ein später Treffer

Am nächsten Morgen bedanke ich mich als Erstes bei Siggi und Armin für ihre Arbeit. Unsere beiden *Hacker* haben sich hier voll reingehängt, wie Fußballer sagen, bis sie am Abend oft Kaninchenaugen hatten. Dafür sind sie, sind *wir* mit einem späten Treffer belohnt worden. Zumindest sieht es schwer danach aus.

Wenig später stoppt mich Ecki auf dem Flur und hält mir mit säuerlicher Miene ein Fax der Deutschen Telekom unter die Nase. »Wirklich großartig«, sagt er, während ich es überfliege. »Damit wissen wir alles und nichts.«

Ecki hat bei der Bundesnetzagentur angefragt, auf wen das ominöse Handy gemeldet ist. Die Antwort ließ nicht lange auf sich warten. Inhaber des Geräts ist kein privater Nutzer, sondern die Telekom selbst. Dort hat Ecki per Fax noch mal die gleiche Frage gestellt und darauf dieses Fax erhalten. Doch das liefert keine wirkliche Auskunft. Nutzer sei ein Mitarbeiter des Unternehmens, heißt es in dem Schreiben. Wer, könne auf diesem Weg nicht mitgeteilt werden.

»Aber da ist auch ein Ansprechpartner angegeben«, sage ich. »Mach da mal Dampf. Kann ja wohl nicht wahr sein.«

Es ist schon wieder Freitag, und ich möchte weiterkommen, bevor keiner mehr irgendwo erreichbar ist.

Einen Anruf später steht Ecki an meinem Schreibtisch. Er sieht nicht viel fröhlicher aus. »Die wollen einen richterlichen Beschluss«, sagt mein Stellvertreter, »vorher geben sie keinen Namen raus.«

Ich gebe dem Drehstuhl Schwung, um meine überschüssigen Energien abzuleiten, und drehe mich einmal um die eigene Achse. Nach außen ruhig bleiben, auch wenn es in mir brodelt: Eine gute Übung für einen, der leicht aufbraust.

»Dann holen wir uns eben den Beschluss. Wenn die's so haben wollen …«

In der Zwischenzeit holen wir die Leiter aller Sachgebiete in das große Dienstzimmer. Im engsten Kreis umreißen Ecki und ich den neuen Stand. »Passt mal auf«, sage ich, »wir haben jetzt einen, der da rumgefahren ist. Ziemlich genau dort, wo Mircos Sachen lagen. Ob mit 'nem Passat oder sonst wie, wissen wir noch nicht. Der könnte aber jetzt sehr interessant werden.«

»Und wo kommt der jetzt wieder her?«, fragt einer.

Ich versuche zu erklären, wie wir auf die Spur gestoßen sind. Was Siggi und Co. bei uns treiben, versteht nicht jeder sofort. Am Ende geht es um eine auffällige Kongruenz: eine Reihe von Daten aus dem Funkverkehr, die auf die Wege eines Entführers passen.

»Wenn wir den Mann haben, der das Mobiltelefon benutzt

hat«, sage ich, »haben wir wahrscheinlich auch den Mann, der Mirco weggerissen hat. Aber um das zu klären, brauchen wir den richterlichen Beschluss. Und der kommt nicht vor Montag.«

Also verbringen wir den Rest des Wochenendes mit Routinearbeiten: den Einsatzplan für die Außenteams festlegen; Akten und sonstige Unterlagen ordnen; Überstunden-Formulare ausfüllen. Was man so erledigen kann, während man auf etwas wartet. Ich bin froh, dass mir andere das meiste davon schon abnehmen.

Am Montagvormittag treffen dann kurz hintereinander zwei wichtige Schreiben ein. Das erste ist der richterliche Beschluss über die Anschlussinhaber-Feststellung, den wir augenblicklich an die Telekom faxen. Das zweite ist – fast ebenso postwendend – die Antwort aus Bonn. Na also, geht doch!

Der Mitarbeiter, der das Mobiltelefon nutzt, heißt Olaf H. Er arbeitet im Außendienst, ist fünfundvierzig Jahre alt und wohnt in der Gemeinde Schwalmtal. Die liegt keine fünf Kilometer von meinem Haus entfernt.

Jetzt wird es Zeit, die ganze Kommission zu informieren. Damit es nicht wieder heißt, es gäbe wohl eine Soko in der Soko, wenn wir nicht gleich den neuesten Stand bekanntgegeben haben. Dieser Spruch ist schon ein paar Mal über die Flure gegangen.

Zusammen mit Ecki verkünde ich in der großen Morgenrunde, dass es einen neuen Verdächtigen gibt. Wir umreißen kurz, wie unsere *Hacker* auf die Spur gestoßen sind und welche Vorgehensweise uns bisher vorschwebt. Danach kann sich wie immer jeder zu Wort melden.

Das ist der Moment für »Pudding«. So nennen wir Tom van Vlodrop, unseren humorbegabten Ermittler aus Krefeld. Den Beinamen hat er sich durch den Verzehr großer Mengen an Dessert verdient – auch wenn er den bei jeder Gelegenheit abstreitet.

»Was ist denn mit unserem Schichtarbeiter?«, fragt er. »Interessiert der jetzt gar keinen mehr?«

»Das ist die zweite aktuelle Spur«, sage ich. »Die verfolgt Kalles Team natürlich weiter.«

»Dann haben wir jetzt zwei Täter. Aber das ist doch einer zu viel!«

Manchmal wird auch in einer Soko gelacht, in der es um das Verbrechen an einem zehnjährigen Jungen geht. Das hat nichts mit mangelndem Respekt oder einer laschen Einstellung zu tun. Es ist einfach die Art von Humor, die von allein entsteht, wo Menschen ein Team bilden. Je ernster der Fall ist, glaube ich manchmal, desto wichtiger wird dieser Humor.

Und dann, kurz nach unserer kleinen Konferenz, ist Armin am Zug. Kaum hat er sich wie alle anderen wieder hinter seine Arbeit geklemmt, schickt er uns eine Mail. Es wird die zweite Botschaft in wenigen Tagen, die uns umgehend elektrisiert. »Dann setz ich jetzt mal noch einen drauf«, beginnt sie.

Armin hat den Namen des Handynutzers in den Rechner eingegeben und gleich mehrere Volltreffer erhalten: Olaf H. ist längst in unserem System. Er war im Juni 2010 im nahen Dilkrath von einer Radarfalle erfasst worden, als er mit 40 km/h durch eine Tempo-30-Zone fuhr. Sein Fahrzeug: ein in Münster angemeldeter Passat Kombi B6. Den hat er allerdings sofort nach Beginn der bundesweiten Fahndung ans Flottenunternehmen der Telekom zurückgegeben.

Das ist für mich das letzte Teil im Puzzle, jetzt ist das Bild komplett. Dieser Mann war mit einem Auto, wie es von den Zeugen beschrieben worden ist, zur ermittelten Tatzeit überall dort, wo wir die Kleidung des Opfers gefunden haben. Außerdem kommt er aus dieser Gegend. Er dürfte mit hoher Wahrscheinlichkeit Mircos Entführer sein.

Wir können noch am gleichen Tag zwei Einsatzteams mobilisieren. Sie sollen zurückverfolgen, wie weit die Spur des mutmaßlichen Täterfahrzeugs bereits überprüft wurde, und alles in Erfahrung bringen, was über den Telekom-Angestellten zu finden ist. Alle Abdrücke, die er als Außendienst-Mitarbeiter der Telekom sowie als Anwohner der Gemeinde Schwalmtal hinterlassen hat. Wo und wie er genau wohnt, und am besten auch mit wem.

»Bringt ran, was ihr über den besorgen könnt«, rufe ich über den Flur. Es klingt aufgeregter, als mir lieb ist. Meine Leute sollen nicht gleich spüren, wie aufgekratzt ich bin – als leitender Ermittler möchte ich nicht wie ein Heißsporn rüberkommen. Trotzdem haben es natürlich alle gleich bemerkt. Auch Pudding, der plötzlich neben mir steht und mich neugierig mustert.

»Und, passt der jetzt?«, fragt er mich in Anspielung auf meinen oft gehörten Standardsatz, wenn wir uns mit anderen Tagestätern beschäftigt haben: »Nee, der passt nicht.« Aber diesmal ist das anders. Ganz anders.

»Ich sag mal ganz vorsichtig: Der passt haargenau.«

Neues aus Luxemburg

Auf der Kirmes gibt es ein Geschicklichkeits-Spiel, bei dem man schwere Kugeln ein ansteigendes Brett mit verschiedenen Löchern hinaufrollt. Fällt die Kugel in eines der Löcher, setzt sich ein Kamel in Bewegung. Sehr oft bleibt das eine, das schnell in Führung geht, auf dem Weg zum Ziel plötzlich stecken. Und ein anderes zieht von hinten unwiderstehlich vorbei, bis es im Ziel ein Klingelsignal auslöst.

Ich bin selten bis fast nie ganz vorne gewesen bei diesem Kamelrennen. Aber wenn ich über die letzten Soko-Tage nachdenke, kommt mir das Kirmes-Spiel unwillkürlich in den Sinn. Eine scheinbar heiße Spur, die schnell in den Hintergrund verschwindet, und eine andere, die aus ihrem Windschatten tritt und immer heißer wird: Das ist es, was hier Mitte Januar passiert ist. Nur dass wir noch nicht ganz am Ziel sind.

Das Einsatzteam von Kalle Malinowski hat noch mal alle Details rund um den Schichtarbeiter aus der Fabrik überprüft. Das ergibt ein trostloses Bild. Doch unterm Strich deutet nichts auf eine gewaltsame Verzweiflungstat hin.

Einfach nur ein Pechvogel, der im September in der Luft hing und sich bei unseren Befragungen ziemlich diffus verhalten hat.

»Lass uns zusehen, dass wir an den Telekom-Mann und sein Auto kommen«, sage ich am Dienstag zu Andreas Beck, »das ist jetzt viel interessanter.«

Andreas ist Ermittler aus Wesel und mit seinen 1,90 Metern ein echter Schrank von einem Kerl. Er würde auch einen

195

passablen Rausschmeißer abgeben, aber bei uns leitet er jetzt die beiden Teams, die alles über unseren Hauptverdächtigen recherchieren.

Der Firmenwagen mit dem Münsteraner Kennzeichen ist schon im Spätherbst überprüft worden, zumindest bis zu einem gewissen Punkt. Als der Leasingvertrag auslief, hat Olaf H. ihn im November gegen einen Renault Mégane eingetauscht. Ein Großhändler aus Luxemburg hat das Auto dann von der Flottengesellschaft übernommen, um es wenig später an einen Russen zu veräußern. Dort verlor sich damals die Spur, und dort müssen wir sie nun wieder aufnehmen.

Aber der Luxemburger, der uns zum Russen führen könnte, ist vorerst nicht greifbar. Als Andreas seine Nummer in Wasserbillig wählt, hat er nur seine Tochter am Apparat. Der Vater sei auf Urlaub in Bali, sagt sie; er werde am Sonntag, dem 23. Januar, gegen Abend zurückkommen. Sie könne ihm aber gerne etwas ausrichten, wenn wir das wünschten. Er wolle sich Mitte der Woche ohnehin noch mal melden, wie er letztens gesagt habe.

Immerhin erfahren wir noch ein interessantes Detail. Monsieur Kieffer, wie der Großhändler heißt, hat den Passat noch gar nicht abgesetzt. Zwar brachte er den Wagen höchstpersönlich nach Russland, doch der Käufer monierte bei der Übergabe den Schmutz und die vielen Flecken auf den Polstern. Darum nahm Kieffer den Wagen wieder mit, um ihn in Luxemburg zu überholen und selbst damit zu fahren, bevor er ihn später erneut nach Russland bringt.

Flecken auf den Polstern, wo vermutlich der Junge gelegen hat: Wenn das nicht der richtige Wagen ist!

»Dann steht das Fahrzeug jetzt bei dem Händler auf dem Hof?«, frage ich Andreas. Ich kann gar nicht glauben, dass wir auf einmal so viel Glück haben sollen. Aber ganz so einfach ist es auch nicht: Monsieur Kieffer ist damit zum Flughafen nach Frankfurt gefahren, berichtet Andreas, um von dort aus nach Bali zu fliegen. Sobald er zurückkehrt, will er damit wieder nach Hause fahren. So hat es ihm dessen Tochter jedenfalls erklärt.

Irgendwo in einem Parkhaus am Frankfurter Flughafen steht also der Kombi, mit dem der mutmaßliche Täter höchstwahrscheinlich Mirco entführt hat. Und darin werden sich Spuren finden. Weil man gar nicht überall wischen kann, wo sich in einem Auto Fasern absetzen.

»Wie viele Parkhäuser gibt es am Flughafen in Frankfurt?«, fragt mich Ecki, nachdem ich ihm die neue Situation geschildert habe. Er weiß, was mir jetzt durch den Kopf geht.

»Ganz schön viele, glaub ich. Aber wir müssen auch nichts überstürzen. Da, wo der Wagen jetzt steht, ist er gut aufgehoben.«

»Stimmt. Da kommt eigentlich keiner dran.«

Etwas später nehme ich Andreas noch mal beiseite. Er soll Kieffer über seine Tochter ausrichten lassen, dass wir uns den Wagen am Montag holen kommen. Bis dahin können wir hier versuchen, uns Olaf H. zu nähern, ohne ihn direkt zu konfrontieren. Solange der nichts ahnt, liegt der Vorteil ganz bei uns. Oder wie Ecki sagt: »Am Teich sitzen und gucken. Die meisten schmeißen Steine rein. Am Teich sitzen und keine Steine werfen, darum geht es – die Fische kommen auch so nach oben.«

Andreas' Mitarbeiter sammeln inzwischen die wenigen

Hintergrundinfos, die es zu dem Mann gibt, und etwa zwanzig Mal am Tag löchert mich einer auf dem Flur: »Schon was Neues aus Luxemburg?« Ich will jetzt aber vor allem mal ein Gesicht haben zu dem Namen, den die Telekom geliefert hat. Ich will ein Passfoto. So lande ich am Mittwoch im Ohr von Barbara.

Barbara arbeitet in der Verwaltung der Gemeinde Schwalmtal in Waldniel, sie kommt an die Unterlagen der Personalausweise ran. Wir kennen uns seit vielen Jahren, eine Zeitlang wohnte sie auch mal in der Nachbarschaft. Ich schildere ihr am Telefon etwas vage, dass uns da jemand aufgefallen sei, und frage, ob sie mal das Passfoto für mich hat. Kurzer Dienstweg sozusagen.

»Du kannst mir das Foto auch per Mail schicken, Barbara. Das wär sogar am besten. Aber erzähl bitte niemandem was davon. Sonst muss ich dich leider erschießen.«

Unser Verdächtiger ist in keiner Anzeigendatei gespeichert, wie Andreas mir berichtet hat. Er hat keine Vorstrafen und ist noch nie wegen sexueller Übergriffe oder anderer Delikte aufgefallen. Er hat zwei Kinder aus vorigen Ehen und lebt mit seiner dritten Frau und deren Sohn zusammen. Keine Partei, kein Verein: Unauffälliger kann man sich kaum bewegen.

Dazu passt das Foto, das Barbara mir nachmittags als PDF-Datei schickt: Ein ausdrucksloses Gesicht unter einem nach oben gekämmten Bürstenschnitt. Beängstigend allenfalls in dem offensichtlichen Mangel an Konturen. Die Person, die dahintersteckt und nach der wir über vier Monate gesucht haben, ist darin jedenfalls nicht zu finden. Da ist gar nichts zu finden.

»Ist das 'n Verdächtiger?«, hat mich Barbara am Telefon gefragt, als sie gerade die Unterlagen vor sich auf dem Tisch hatte. »Sieht ja nicht grad so aus.« Und ich musste grinsen. Wie oft habe ich das über die Jahre schon gehört.

»Wie soll denn ein Verdächtiger aussehen, Barbara? Denk doch mal nach!«

Ich habe meinen Mitarbeitern streng verboten, sich dem Haus des Verdächtigen zu nähern. Doch vor Feierabend gebe ich nun selbst der Neugier ein Stück weit nach – zumindest virtuell. Ich öffne auf meinem Rechner Google Earth und gebe dort die Straße ein, auf der sich das Haus befindet. Wie im Sinkflug kreise ich über die Grenzregion, über Grefrath und das Dorf, in dem er lebt, bis ich schließlich in seiner Straße lande.

Und da, auf meinem Bildschirm, kann ich es jetzt recht genau sehen: ein anderthalbgeschossiges, schlichtes Haus ohne irgendwelche Extras. Es ist nicht einfach, sich hier etwas einzuprägen. Und doch fällt mir sofort ein, dass ich schon mal hier gewesen bin.

Letzten Juli, keine zwei Monate vor der Tat, bin ich an diesem Haus mit dem Schützenzug vorbeigelaufen. Zum traditionsreichen Schützenfest des Ortes. Es war über 30 Grad heiß an diesem Samstag, mir lief das Wasser in den Anzug. Und genau vor diesem Haus stand ein Mann an einem Gartengrill und wendete fröhlich Bratwürstchen. Die waren sein Beitrag zum Schützenfest.

Wir waren in dem Moment nur wenige Schritte voneinander entfernt, Olaf H. und ich, und nun bin ich plötzlich mit seinem Haus und seinem Leben beschäftigt – kein verschwitzter Passant, sondern ein Kripo-Mann am Bildschirm, der sich für den privaten Hintergrund eines mutmaßlichen Kindesmörders interessiert.

Am nächsten Tag gibt es dann endlich Neues von Monsieur Kieffer aus Luxemburg. Er hat zu Hause angerufen, berichtet Andreas, und wurde bei der Gelegenheit von seiner Tochter eingeweiht. Am Sonntag, dem 23. Januar, wird er gegen Abend in Frankfurt landen und mit dem Kombi nach Hause fahren. Wir können den Wagen also in Wasserbillig abholen.

»Sehr gut«, sage ich zu Andreas, »aber ruf da noch mal an und sag der Tochter, dass wir am Montagmorgen vorbeikommen.«

Am seidenen Faden

Am Montag, den 24. Januar steigen in Dülken gegen 6 Uhr früh drei Männer in ein Zivilauto der Mönchengladbacher Polizei. Zwei von ihnen arbeiten in der Spurenermittlung der Soko Mirco, die der Dritte im Bunde, Jürgen Theissen, leitet. Gut zwei Stunden später treffen sie an der deutschluxemburgischen Grenze ein und parken kurz vor der Brücke, die in den luxemburgischen Wohnort des Großhändlers führt.

Die meisten Deutschen, die hier aufkreuzen, wollen an einer von den vierzehn Tankstellen jenseits der Grenze ihr Auto mit günstigerem Sprit auffüllen. Die kleine Delegation vom Niederrhein aber wartet auf den Passat Kombi mit Luxemburger Kennzeichen, den Monsieur Kieffer über die Brücke steuern wird. Auf diese Weise umgehen wir das Rechtshilfeersuchen, das wir für die Übernahme des Wagens auf Luxemburger Gebiet beantragen müssten. Der Stand der Ermittlungen duldet jetzt keine Verzögerungen mehr.

Und da kommt Monsieur Kieffer auch schon über die Grande Rue, stellt den Wagen hinter der Brücke ab und demonstriert zur Begrüßung perfekte Manieren. Der seriöse Auftritt eines Großhändlers, der quer über Europa Dienstfahrzeuge und Leihwagen verkauft. Papiere, Unterlagen, er hat alles dabei.

Schon im November habe er sich gewundert, sagt er mit dem typisch luxemburgischen Akzent, warum die deutsche Polizei sich für das Fahrzeug interessiert. Darum habe er Olaf H. angerufen und nach Hintergründen gefragt. Der habe aber nur etwas von einer Routineüberprüfung erzählt und dass eigentlich ein Kombi in dunkler Lackierung gesucht werde, nicht in Silbermetallic.

»Und dahn, wissen Sie, ja dahn fragst du nicht mehr lange nach. Da sind auch noch ein paar ahndere Autos, um die ich mich kümmern will.«

Unser Mann weiß also längst, dass er in unser Visier geraten ist. Vielleicht fühlt er sich sicher, dass ihm nichts passieren kann. Vielleicht weiß er auch keinen anderen Weg, als still abzuwarten. Abtauchen wäre unter den Umständen ein halbes Geständnis. Doch für uns zählen jetzt nur der Wagen und die Spuren, die darin zu finden sind.

Jürgen Theissen und seine Leute fahren in zwei Wagen zunächst bis Düsseldorf zurück. Auf dem Hof des LKA in Bilk kleben sie mit ihren dünnen Folien in bewährter Manier den Passat Kombi ab. 27 Proben von 27 Stellen mit tausend Faserspuren, die sofort unter den wassergelagerten Mikroskopen des Labors für Fasertechnik landen. Das hat Jürgen mit Michael Stauber, dem Dezernatsleiter, vorher abgeklärt.

Die müssen jetzt nur noch die richtigen Faserspuren finden, denke ich. Ein, zwei Treffer, die sich beim Abgleich zweifelsfrei ergeben. Ich bin inzwischen felsenfest überzeugt: Wir haben den Mann, den wir seit 144 Tagen suchen, gefunden. Darum bin ich heute aufgekratzt wie selten, um nicht zu sagen nervös. Alles hängt jetzt im wahrsten Sinne am seidenen Faden.

Es wird 14 Uhr, als mich Dr. Markus Esser, der wissenschaftliche Mitarbeiter aus den Faserlabors des LKA, persönlich anruft. Seine Botschaft könnte nicht überraschender sein.

»Leider keine Treffer, Ingo«, sagt Esser. »Dabei wurde wirklich alles untersucht, das könnt ihr mir glauben.«

»Absolut sicher?«

»Ab-so-lut. Wir gehen das jetzt zur Sicherheit noch mal durch. Aber ich kann dir da wenig Hoffnung machen.«

Irgendwer hat mir da gerade den Boden unter den Füßen weggezogen. Alles, was mit Logik und Verstand gewebt wurde, ist plötzlich in Frage gestellt. Es ist, als hätte mich soeben ein großer Hammer voll am Kopf getroffen. Und als wären die Dinge um mich herum irgendwie auf links gedreht.

Vielleicht ist er also gar nicht der Täter. Vielleicht bin ich auch gar kein Kriminalkommissar. Und vielleicht ist das da hinter den Fenstern gar nicht Dülken, sondern Burkina Faso oder die innere Mongolei. Oder ich wache gleich aus einem kurzen, bösen Traum auf.

Ich ziehe mich ins halbrunde Zimmer zurück, um in Ruhe ein paar Telefonate zu erledigen. Die Art von Routine, an die man sich in solchen Stunden ganz gut festhalten kann. Hier kann ich abtauchen, ohne den Fragen und Blicken der anderen ausgesetzt zu sein. Im Grunde warten doch alle darauf, was die in Düsseldorf jetzt finden.

Da meldet sich um 16 Uhr noch einmal Markus Esser am Telefon. Diesmal fasst er sich besonders kurz.

»Kommt mal rüber, Ingo. Und bringt Bier mit.«

Ich habe kein besonderes Talent, frohe Botschaften wirkungsvoll unter die Leute zu bringen. Das stelle ich auch jetzt wieder unter Beweis. Ich bin vom großen Zimmer hinaus auf den Flur getreten, als mir Ecki zufällig entgegenkommt. »Der Esser hat noch mal angerufen«, sage ich nur, »die haben das Tatfahrzeug. Zieh deine Jacke an.«

Mein Freund bleibt wie angewurzelt vor mir stehen, um mich wortlos anzustarren. Ein bisschen genieße ich es, ihn so um Fassung ringen zu sehen.

»Bist du eigentlich blöd?«, platzt es dann aus ihm heraus. »Das kannst du doch nicht einfach so sagen, als hätte da draußen ein Auto falsch geparkt. Oder als wenn wir übers Wetter reden.«

»Aber ich bin so. Weißt du doch.«

Minuten später fahren wir mit Jürgen Theissen im Wagen nach Düsseldorf. Ich habe unserem Büromann Stefan Groß eingeschärft, die gesamte Mannschaft auf der Etage zu halten – und wenn er dazu irgendeinen Vorwand erfindet. Außerdem habe ich Siggi eingeweiht, damit er den anderen von dem Durchbruch erzählt. Das ist der kleine Bonus dafür, dass er unter rund 240 000 Mobilfunkdaten die Spur des Täters herausgefiltert hat.

So laufen wir gegen halb 6 beim LKA in Unterbilk auf, um die Labors für Fasertechnik zu stürmen. Oben angekommen, werfe ich als Erstes Renate in die Luft, die als Laborantin die brisanten Fasern entdeckt hat. Markus Esser will noch erklären, warum sich der Befund verzögert hat. Aber auch er wird jetzt einfach verhaftet, um mit uns den Durchbruch zu feiern. 144 Soko-Tage, und endlich ein stichhaltiges Indiz.

Es ist früher Abend, als wir wieder in Dülken sind, alle bester Laune. Und es wird später Abend, bis sich die Spontanparty auf unserer Etage allmählich auflöst. Über fünfzig Leute feiern den Erfolg ihrer Teamarbeit jetzt wie einen Auswärtssieg, der die Meisterschaft sichert. Das haben sie sich auch redlich verdient.

Zwischendurch habe ich Uta im Ohr. Meine Frau erwischt mich auf dem Handy, nachdem sie in der Zentrale niemand erreichen konnte. Ich habe ihr bisher noch nichts von unserem neuen Verdächtigen, dem Passat und Monsieur Kieffer erzählt.

»Sag mal. Krieg ich dich heute irgendwann noch mal zu sehen?«

»Irgendwann bestimmt. Kann aber noch was dauern.«

»Was läuft denn da im Hintergrund? Gebt ihr bei euch 'ne Party?«

»Nee, nicht richtig Party ... Hier hat einer Geburtstag, weißt du, und der schmeißt grad 'ne Runde.«

»Dann guck mal, dass du mit'm Taxi nach Hause kommst. Sonst nehmen dir deine Kollegen noch den Lappen weg.«

Am nächsten Morgen bin ich mit leichtem Brummschädel wieder auf der Etage. Das große Powwow beginnt wie eh und je um acht. Wir haben eine Runde gewonnen, aber noch nicht den ganzen Kampf. Der Mann aus Schwalmtal, der mit hoher Wahrscheinlichkeit Mircos Peiniger ist, läuft immer noch frei herum.

Plötzlich aus dem gewohnten Leben ...

Es gibt kein Zimmer in Dülken, das ich exklusiv für mich beanspruche. Für gewöhnlich setze ich mich dahin, wo gerade ein Tisch und ein Rechner frei sind. Oder wo ich, wenn es sehr wichtig wird, ungestört telefonieren kann.

Am Tag nach dem Durchbruch, dem 25. Januar, ziehe ich mich zum Spätnachmittag in unsere Schaltzentrale zurück. Ich möchte hier in aller Ruhe mit Karsten telefonieren. Karsten war für einige Wochen bei den Einsatzkräften, die die Gegend nach Mircos Leiche abgesucht haben, und wohnt mit seiner jungen Familie eine Tür neben dem Mann, den wir verhaften wollen.

Ein Einsatzpolizist, der ohne es zu wissen den mutmaßlichen Täter zum Nachbarn hat: Das klingt wie eine schlecht erfundene Geschichte, bei der jemand zu dick aufträgt. Jetzt aber kann Karsten beim letzten Akt unseres Kriminalstücks äußerst nützlich sein. Und er ist gleich dran, als ich seine Nummer wähle.

»Hör mal, Karsten«, fange ich an, »hier ist Ingo. Du musst mal ziemlich schnell rüberkommen.«

205

»Geht aber gerade schlecht«, sagt Karsten. »Meine Frau ist unterwegs, und ich pass auf die Kinder auf. Ich komm hier nicht weg, verstehste.«

»Dann musst du deine Kinder mal für 'n Moment verschenken.«

Jetzt beginnt Karsten nachzudenken. In der Pause, die entsteht, zünde ich mir die nächste Zigarette an.

»Sag mal ... worum geht es denn überhaupt?«

»Kann ich dir so nicht sagen. Nicht am Telefon.«

Damit ist der Fisch am Haken. Der Junge weiß ja, dass ich ihn nicht alle naselang bemühe. Eigentlich sogar fast nie. Es muss einen Grund geben, den er noch nicht kennt. Das ist ein Reiz, der stärker wirkt als jedes Pflichtgefühl.

»Okay, ich krieg das irgendwie hin. Gib mir zwanzig Minuten.«

Den ganzen Tag haben wir im kleinen Kreis überlegt, wie wir den Zugriff vorbereiten. Dabei waren wir uns schnell einig, dass es eher leise über die Bühne gehen soll. Wenn wir das Sondereinsatzkommando bemühen, bleibt kein Stein auf dem anderen. Bei denen klingelt nicht der Erste, sondern der Letzte.

So sind wir auf Karsten gekommen. Ecki hat den jungen, unkomplizierten Kollegen ins Spiel gebracht, weil ihm als Erstem einfiel, wo er wohnt. Und nun sitzt er mir auch schon gegenüber: Spürbar konsterniert, als ich ihm eröffne, dass einer seiner Nachbarn in dringendem Verdacht steht, etwas mit dem Verbrechen an Mirco zu tun zu haben.

»Pass mal auf, Karsten. Wir machen da morgen 'n Aufschlag. Wenn du irgendwem was erzählst, brauchst du dich bei der Polizei nirgendwo mehr blicken zu lassen. Du sollst dich bitte nur da hinstellen und klingeln. Dich kennt der, und dir macht er auch die Türe auf.«

»Okay, von mir aus ... Meine Fresse, ausgerechnet der Olaf. Ist mir bis jetzt nie irgendwie aufgefallen.«

Am nächsten Morgen um 6 Uhr steht Karsten mit unserem Ermittler Jürgen Koch, Ecki, ein paar Beamten und Spurenermittlern vor der Tür seines Nachbarn. Insgesamt sind es ein Dutzend Männer. Karsten ist der Erste, der in der Dunkelheit von drinnen zu sehen ist. Es dauert ein paar Momente, bis nach seinem Klingelsignal die Tür aufgeht.

Unsere Zielperson hat sich einen Bademantel übergezogen. Er wurde aus dem Schlaf gerissen und trägt das »Was um alles in der Welt ...?!«-Gesicht, als er Karsten sieht und matt begrüßt. So in etwa haben wir uns das vorgestellt.

In diesem Augenblick stellt sich Ecki neben Karsten. »Hallo«, sagt Karsten, »das ist mein Kollege Mario Eckartz. Der möchte mal mit dir sprechen.«

»Guten Morgen«, sagt Ecki und ist schon im Flur. »Wir sind von der Soko Mirco. Sie stehen dringend unter dem Verdacht, etwas mit der Sache zu tun zu haben. Wir würden uns gern mit Ihnen unterhalten.«

Es gibt Täter und Tatverdächtige, die sich bei der Verhaftung renitent bis rabiat aufführen – obwohl es ihre Lage selten besser macht. Olaf H. gehört nicht dazu. Er schaut für einen kurzen, stillen Moment auf Ecki, Karsten und die anderen, die am 26. Januar im Dunkeln vor seiner Haustür stehen. Dann bittet er die gesamte Abordnung höflich ins Wohnzimmer.

Die gut geölte Routine eines Mannes, der jahrelang im

Außendienst war: Sie funktioniert auch noch, als seine Ehefrau dazukommt und verdutzt in die seltsame Runde blickt.

»Das sind Leute von der Soko Mirco«, sagt er. »Die wollen mir bloß ein paar Fragen stellen. Weil ich ja auch so 'n Passat Kombi hatte.«

Die Frau schaut ihren Mann sehr lange schweigend an. Jeder kann ihr ansehen, dass sie das alles nicht ganz so harmlos findet. Ein Dutzend Polizisten, die nur mal kurz vorbeischauen und was fragen wollen – morgens um sechs.

Dann übernimmt Ecki wieder die Regie. Er stellt kurz die Kollegen in seinem Schlepptau vor und kommt dann ohne große Umschweife auf den Punkt.

»Wir sind schon aus gutem Grunde hier. Denn wir haben ganz viele überprüft, wie Sie sicher aus den Medien erfahren haben. Doch der Einzige, auf den das alles zweifelsfrei hinausläuft, der sitzt grad vor mir. Und deshalb möchten wir Sie jetzt auch mitnehmen. Hier ist übrigens der richterliche Beschluss dazu.«

Es sind keine Handschellen im Spiel, als er in eines der Zivilfahrzeuge verfrachtet wird. Und es wird kaum geredet auf der zwanzigminütigen Fahrt ins Hauptquartier der Mönchengladbacher Polizei. Der stille Mann, der da am frühen Morgen abgeführt wird, ist in Gedanken versunken. Er war damit einverstanden, dass unsere Leute in seinem Haus bleiben, um Spuren zu sichern. Nun wird ihm klar, dass es das erst mal für ihn gewesen ist.

Von einem Tag auf den anderen aus dem gewohnten Leben gerissen, fast so plötzlich und unerwartet wie sein Opfer. Nur dass er kein Opfer, sondern ein Täter ist. Dennoch

208

glauben Ecki und seine Kollegen, auch Erleichterung aus seinem Verhalten zu lesen. Wie bei den meisten, die endlich von der Wahrheit eingeholt werden. Es ist ja äußerst anstrengend, dauernd etwas verbergen zu müssen. Und immer in der Angst zu leben, dass das, was verborgen werden soll, eines Tages trotzdem entdeckt wird.

Unterdessen hat jemand an der Informationstafel neben der Abgreifstelle ein handgemaltes Plakat angebracht. Damit wenden sich Grefrather Kinder, die wie alle von der Verhaftung noch nichts wissen, direkt an den Täter: »Sag uns endlich, wo Mirco ist.«

Schweres Gelände

Unser Verdächtiger ist intelligent genug, um zu spüren, dass man mit ihm sehr soft umgeht. Ecki und Jürgen Koch, die ihn von nun an verhören, setzen ihn zu keiner Zeit unter Druck. Sie lassen ihn im Polizeipräsidium rauchen, wo eigentlich Rauchverbot ist. Und Jürgen gibt ihm sogar von seinen Zigaretten. Es ist Teil ihres Konzepts, das von Beginn an wunderbar aufgeht: Den Mann, der ihnen etwas erzählen soll, betont als Mensch statt als Monster zu behandeln. Nähe erzeugen statt Distanz.

Es sind also nur zwei, die in dem neutral gehaltenen Raum mit einem Fenster zum Innenhof das Gespräch führen, von dem wir uns ein Geständnis erhoffen. Stunde um Stunde, jeweils von einer kurzen Pause unterbrochen, sitzen sie mit ihm auf den einzigen drei Stühlen um den einzigen Tisch.

Während der eine ihn befragt, schreibt der andere am Protokoll. Ab und an tauschen die beiden ihre Rollen.

Die drei sind hier ganz unter sich, doch über die Mails, die von jetzt an hin- und herwandern, sind wir in Dülken immer auf dem aktuellen Stand. So können wir in der Soko zeitnah überprüfen, was der mutmaßliche Täter Stück für Stück zum Tathergang erzählt. Auf welchen Straßen er am 3. September ziellos durch die Gegend fuhr. Wo er etwa kurz vor der Tat noch getankt und wo er ein paar Cheeseburger gegessen hat. Und wo er Mirco dann zufällig gesehen haben will.

Kurz nach elf mailt Ecki, dass Olaf H. sich grundsätzlich zur Tat bekennt. Er sagt mehrfach, dass er »Scheiße gebaut« habe. Doch es gibt einige unklare Aussagen zum Hergang der Tat, den er immer wieder zu seinen Gunsten modelliert. Als wäre das alles nur zufällig passiert und als hätte er Mirco eigentlich wieder nach Hause bringen wollen etc.

Um halb zwölf dann schon der nächste wichtige Schritt: Der Geständige ist bereit, uns zu Mircos Leiche zu führen. Erst wollte er die betreffende Stelle nur in einer Karte markieren. Doch schon bald willigt er ein, sie den beiden vor Ort zu zeigen. Er möchte das jetzt schnell erledigen, nachdem Ecki ihn auf seine eigene Tochter angesprochen hat: Wie würde er wohl reagieren, wenn die plötzlich spurlos verschwindet?

So ist unsere kleine Karawane am frühen Nachmittag bei diesem Bruchwald an der Landstraße eingetroffen, zwischen Wachtendonk und Kerken, wo der aufgeweichte Wirtschaftsweg, der an dieser Stelle ausläuft, schnurstracks bis zu einem alten Gehöft führt. Wo ich zum ersten Mal leibhaftig auf den Täter stoße und mehr für mich selbst diese zwei Wörter sage: »Hab dich!«

Als ich hier gesehen habe, was ich sehen musste, will ich so bald wie möglich wieder nach Dülken. Es ist nicht der rechte Moment, mich mit Mircos Entführer und Mörder zu befassen; das werden meine Kollegen gleich in Mönchengladbach fortsetzen. Ich fahre also zurück, als unsere Spurensicherer eintreffen. Gleich werden noch ein Fotograf und Britta Gahr, die Gerichtsmedizinerin, dazukommen. Bis hier alles dokumentiert und eingepackt ist, werden einige Tage vergehen. Traumjobs lassen sich vermutlich schneller erledigen.

Unterwegs überlege ich, was der Mörder unter dem Eindruck des gerade Erlebten noch von sich geben wird. Mich hat die Szenerie zum Heulen gebracht, vielleicht lösen sich ja auch bei ihm jetzt noch ein paar Blockaden. Gerade, als ich dort wegging, sah er allerdings nicht so aus.

Im Grunde haben wir nun fast alles in Erfahrung gebracht, was es zu ermitteln gab. Im Haus des Telekom-Mannes wurden auch die beiden Faserspuren entdeckt, nach denen wir gesucht haben. Er war mit der Durchsuchung einverstanden und hat selbst den Hinweis gegeben, wo wir die orangefarbene Faser finden können: eine Ziernaht an dem Hemd, das er am Entführungstag getragen hat. Später werden wir die Spur auch in dem Renault Mégane finden, den er Anfang November übernommen hat. Damit schließt sich die Beweiskette – zumal auch der Abgleich zwischen den fremden DNA-Spuren auf Mircos Hose und einem Speicheltest eine Übereinstimmung ergibt.

Jetzt wird es Zeit, dass wir uns um Mircos Eltern kümmern. Sie haben ein Recht darauf, als Erste informiert zu werden. Außerdem sollten sie schon mal in Deckung gehen. Morgen, am Donnerstag, werden Willy und die Staatsanwaltschaft Krefeld die Festnahme bekanntgeben. Übermorgen ist die Pressekonferenz fällig. Spätestens dann wird der große Medienrummel über Grefrath hereinbrechen. Und sicher auch über die tapfere Familie in dem alten Backsteinhaus.

Willi Schinken und Peter Ewald, unsere beiden Opferschützer, sind schon am Nachmittag dort. Nach so vielen Besuchen gehören sie fast schon zur Familie. Das macht es allerdings nicht leichter, ihnen die traurige Gewissheit zu überbringen. Das letzte Fünkchen Hoffnung, den Jungen lebend zurückzubekommen, ist damit erloschen. Andererseits wissen sie nun wenigstens, was mit ihm passiert ist. Und dass er nicht irgendwo gefangen gehalten und weiter gequält wird.

Ecki und ich haben die Opferschützer auch noch etwas von uns ausrichten lassen. Sandra und Reinhard S. werden die Ersten und Einzigen sein, denen wir erzählen, wie Mirco genau starb – wenn sie es denn wollen. Ein Angebot, über das die beiden erst einmal nachdenken müssen.

Inzwischen ist über ihre evangelische Gemeinde ein Haus gefunden, das in Norddeutschland liegt. Es ist gerade weit genug entfernt, um dem Sturm der Neugierigen zu entfliehen. Ein altes Haus im Grünen, nicht mehr weit von der Nordseeküste entfernt – und ab sofort zur Verfügung.

Willi und Peter helfen den Eltern noch bei den Reisevorbereitungen. Ihre Botschaft an sie ist simpel: Macht ihr euch jetzt mal besser aus dem Staub, was hier zu tun bleibt, erledigen wir.

Das öffentliche Interesse

Am 28. Januar um 11 Uhr morgens ist der große Sitzungssaal der Mönchengladbacher Polizei bis zum Platzen mit Journalisten, TV-Teams und Fotografen gefüllt. Ich bin mir nicht sicher, ob hier in einer halben Stunde noch Luft zum Atmen ist. Aber das ist nebensächlich in diesem Moment, den ich so lange herbeigesehnt habe. Endlich vor die Öffentlichkeit treten und verkünden zu können, dass der Job erledigt ist.

»Annähernd hundertfünfzig Tage sind hinter uns. Wir haben hoch gepokert und gesagt, wir kriegen ihn. Und ich darf Ihnen dann auch sagen: Wir haben ihn.«

Ich sitze mit dunklem Jackett und gestreifter Krawatte auf dem Podium, flankiert von zwei Staatsanwälten, Kriminaldirektor Flocken und dem Polizeipräsidenten. Und mit Willy, der über diese Soko-Tage ganz tief in meinem Herzen gelandet ist – durch seine hervorragende Arbeit und seine beruhigende, ausgleichende Art. An den Seiten und vor der Tür drängen sich meine Mitarbeiter. Ich habe darauf bestanden, dass sie dabei sein können, egal wie voll es heute wird. Was wir erreicht haben, ist schließlich die Leistung aller.

»Wir haben Ihnen seinerzeit mitgeteilt, dass wir einige Mausefallen aufgestellt haben«, fahre ich fort. »Das haben einige geglaubt und andere nicht. Nun sind ein paar dieser Mausefallen zugeschnappt.«

Ich skizziere einige der Wege, die uns zum Tatverdächtigen geführt haben. Angefangen bei dem Zeugen, der so modellsicher war, bis zum Profiling mit den OFA-Spezialisten und der Überprüfung von rund 2500 Passat Kombis. Danach berichte ich von dem dreifachen Vater, seiner Verhaftung und seinem portionierten, noch immer andauernden Geständnis.

»Die Vernehmungen haben das bestätigt, was wir fünf Monate lang ermittelt haben.«

Zu guter Letzt bedanke ich mich für die Arbeit der Wissenschaftler in den LKA-Labors in Wiesbaden und Düsseldorf sowie beim gesamten Team. Ich freue mich heute nicht allein für mich, sondern für die gesamte Soko.

»Ich war stolz, mit solchen Leuten zusammenzuarbeiten. Das sind positiv Bekloppte gewesen, die solch eine Sache mitmachen und wie 'ne Eins dahintergestanden haben.«

Nach dieser Lobeshymne, die mir am Herzen lag, lasse ich die Fragen der Journalisten auf mich einprasseln. Fragen nach den Abläufen und Details und immer wieder nach den Hintergründen der Tat.

»Wir gehen davon aus, dass da eine Zeitbombe unterwegs war«, fasse ich zusammen, »dass der Mann den beruflichen Stress abreagieren wollte.« In dem Sinne war Mirco ein absolutes Zufallsopfer. »Er hat enormes Pech gehabt, genau an der Stelle mit ihm zusammenzutreffen. Er war das passende Opfer, und es war dunkel.«

Aber wie kommt es, fragt einer aus dem Pulk, dass mehrere Polizisten in der Nähe des Täters wohnten und nichts bemerkt haben?

Das ist die Gelegenheit für eine Gegenfrage: »Wie sollen Polizisten in der Nachbarschaft etwas merken, wenn selbst der Frau, die mit ihm Tisch und Bett teilt, nichts aufgefallen ist?«

Ist er denn bisher nie pädophil in Erscheinung getreten?

»Es handelt sich wahrscheinlich nicht um einen Pädophilen in dem Sinne. Er suchte vielmehr ein Opfer, über das er Gewalt ausüben kann.«

Stimmt es, dass die Leiche ganz in der Nähe der Abgreifstelle gefunden wurde? Und wenn ja, warum wurde sie von den Suchmannschaften nicht längst entdeckt?

»Stimmt nicht. Die Leiche lag sechs Kilometer oberhalb des durchsuchten, etwa fünfzig Quadratkilometer großen Gebiets.«

Nach einer Dreiviertelstunde sind alle Fragen beantwortet oder ins Leere gelaufen. Ich habe nicht alle Auskünfte geben können, die verlangt worden sind. So kann ich zum Beispiel noch keine näheren Angaben zum Fundort und dem Zustand der Leiche machen. Die vollständigen Obduktionsergebnisse, inklusive Laboruntersuchungen, sind frühestens in einigen Wochen zu erwarten. Auch was die näheren Tatmotive betrifft, halte ich genauere Angaben vorerst zurück.

Alles ist gut gelaufen an diesem Vormittag, aber euphorisch bin ich nicht. Ich muss an Mircos Eltern denken, die jetzt schon in Norddeutschland sind. Sie haben jetzt Gewissheit, was mit Mirco geschehen ist. Aber eine wirklich gute Nachricht hört sich anders an. Der Junge, der inzwischen elf Jahre alt wäre, ist tot. Und bevor er gestorben ist, hatte er schwer zu leiden.

Im blauen Dunst

Olaf H. kann kaum genug Zigaretten rauchen, während er in dem kleinen Raum im Gladbacher Polizeigebäude vernommen wird. Und so viel wie jetzt, mit zwei Zuhörern, hat er wahrscheinlich noch nie von sich erzählt. Beides scheint irgendwie zusammenzugehören; darum sorgen Jürgen und Ecki dafür, dass der Nachschub nicht versiegt.

Die drei Männer sind vom Tag der Verhaftung an insgesamt zehn Tage lang hier, von morgens bis abends. Während Ecki Fragen stellt, beobachtet Jürgen, wie der Vernommene darauf reagiert. Und umgekehrt. Ein Verhör ist wie ein Kartenspiel, sagt Ecki gerne. Man lockt, bietet an, zieht seine Schlüsse – und legt ab und zu auch selbst etwas auf den Tisch.

Sein Gegenüber war früher auf derselben städtischen Realschule wie mein langjähriger Kollege, auch das schafft eine Ebene – selbst wenn Ecki sich kaum an ihn erinnern kann. Die Unauffälligkeit ist wohl das Markanteste, was sich durch diese Biographie zieht. In den letzten Jahren kam der berufliche Stress dazu, von dem der Mann in stockenden Anläufen berichtet. Im Außendienst hat er seine Vorgesetzten nicht überzeugt, ist hinter den Erwartungen zurückgeblieben. Das wurde auch nicht wesentlich besser, nachdem er zum Herbst ins Controlling wechselte.

Am 3. September habe ihm einer der Abteilungsleiter wieder »einen echten Einlauf verpasst«. Nach dem Telefonat habe er sich erniedrigt, entwürdigt gefühlt. So sei er am Abend ziellos durch die Gegend gefahren, bis er an der

Landstraße kurz vor Grefrath Mirco entdeckt habe. Endlich jemand, dem er selbst überlegen war. Dem er befehlen konnte, in seinen Wagen zu steigen – auch wenn er da noch nicht gewusst haben will, wozu.

So einfach lassen sich Ecki und Jürgen jedoch nicht abspeisen. Zug um Zug, Karte für Karte, konfrontieren sie den Täter mit den Ungereimtheiten in seiner Story. Der Vorgesetzte, der ihn runtergeputzt haben soll, war an dem Tag zum Beispiel gar nicht im Dienst, sondern hielt sich im Ausland auf. Das haben wir im »Back Office« in Dülken schnell herausgefunden und umgehend nach Mönchengladbach gemailt.

In dem Stil nähern sich die drei ganz allmählich den wahren Abläufen an. Zwei gewiefte Spieler, die spüren, wann man besser abwartet und wann man die Initiative ergreift. Und ein Dritter, der sich bei allem Argwohn immer mehr an sie gewöhnt.

Nach vier, fünf Tagen fischt Olaf H. seine Kreditkarte heraus, um sie Ecki in die Hand zu drücken, und diktiert ihm den PIN-Code, damit er fünfzig Euro für Zigaretten abhebt: »Ich kann ja nicht ständig von euren schnorren.« Er will die blaue Pall Mall in der Big Box, und Ecki, der Nichtraucher, besorgt genügend Packungen. Solange der Mann raucht, redet er auch.

Anfang September wirkt sein unscheinbares Angestelltenleben nach außen hin noch ganz intakt. Wenn er nicht für das Unternehmen unterwegs ist, können ihn die Nachbarn beim Rasenmähen oder an dem Miniteich im Garten sehen, oft mit seiner kleinen Tochter. Doch hinter der Fassade stauen sich Frust, Wut und nicht abgeleitete Aggressionen auf.

Vielleicht stimmt es sogar, dass er nie zuvor pädophile Neigungen bei sich entdeckt hat, wie er behauptet. Und vielleicht ging es auch eher um Macht als um Sexualität, als er mit Mirco an jenem Abend bis zu diesem Bruchwald oberhalb der A40 fuhr und ihn zwang, sich in seinem Auto zu entkleiden. Die erhoffte Erektion blieb jedenfalls aus, und mit der Wut darüber kam die Angst, von seinem Opfer später erkannt zu werden. Deshalb musste Mirco vermutlich sterben: ein klassischer Verdeckungsmord.

Später erfahren wir von ihm, wie er den Jungen zunächst erdrosselt und dann zur Sicherheit auch noch mit einem Messer bearbeitet hat. Aus seinem Mund klingt das so präzise und unbeteiligt wie die Anleitung zur Montage eines Küchenschranks. Wenn er Bedauern äußert, gilt es der eigenen Lage. »Von mir nimmt jetzt keiner mehr ein Stück Brot«, sagt er einmal. Auch das wirkt so nüchtern, als spräche er über eine andere Person.

Mehr als einmal habe er daran gedacht, sich zu stellen, beteuert er. Oder wenigstens einen anonymen Hinweis zu geben, der zu ihm führt. Den Mut dafür hat er jedoch nicht aufgebracht. Mut ist eine Fremdsprache, die er einfach nicht beherrscht.

Ob dieser Mann sich je selbst so weit ergründen wird, dass er über seine Motive genauer sprechen kann? In Mönchengladbach darf ihn seine Frau im Polizeigewahrsam besuchen. Im Beisein der beiden Beamten, die ihn vernehmen, fordert sie klare Auskünfte, doch er ist nicht imstande, sie ihr zu liefern. Der Zustand, in dem sich die Frau befindet, ist nicht gespielt. Sie wird von Gedanken verfolgt, die sie fast erschlagen. Fast fünf Monate mit einem Mann zu leben, der sich an einem zehnjährigen Jungen vergriffen hat. Und weitermacht, als wäre nichts geschehen.

Nein, versichert Mircos Mörder, er habe niemandem anvertraut, was er getan hatte. Zwar habe er sich heimlich über den Stand der Ermittlungen informiert, aber wenn zu Hause im Fernsehen oder im Radio über den Fall berichtet wurde, hat er sich lieber in kleine Aufgaben gestürzt. Den Keller streichen. Den Teich sauber halten. Rasen mähen. Das eigene Leben ordnen, wo es noch zu ordnen ist.

Ecki und Jürgen möchten gerne noch viel mehr erfahren, deshalb schlagen sie während der Vernehmung vor, die genauen Abläufe mittels einer Puppe vor Ort zu rekonstruieren. Eine Puppe, die in etwa so groß ist wie Mirco. An diesem Punkt aber macht der Mann, der ihnen sogar seine Kreditkarte anvertraut hat, reflexartig zu. Das ist die Grenze, die sie akzeptieren müssen. Das Spiel geht hier und jetzt, am 4. Februar, nicht mehr weiter.

Die beiden haben mit der Vernehmung eine Meisterleistung vollbracht. Sie haben einem Mörder so höflich wie beharrlich ein weitreichendes, wasserdichtes Geständnis abgerungen, das vor Gericht bestehen kann. Das ist nämlich der Ort, wie Ecki sagt, wo sich die Qualität einer Vernehmung erweisen muss. Nur was die persönlichen Hintergründe angeht, bleibt manches im blauen Dunst.

Ein Abschluss in Würde

Das alte Haus in Grefrath war ein leeres Nest, als die Reporter und Aufnahmeteams nach Bekanntgabe der Festnahme hier durchgepflügt sind. In diesen letzten Tagen im Januar haben sie das gesamte Viertel auf den Kopf gestellt, um Stimmen einzufangen: in den Geschäften, auf der Straße, an der freien Tankstelle und im Franzuse Hüske, der Kneipe nebenan. Alle haben dabei die gleiche Hoffnung artikuliert: so schnell wie möglich zum normalen Leben zurückzufinden.

Aber nun, wo draußen Ruhe herrscht, ist wieder Leben in der Bude. Ich kann die Stimmen der Kinder hören, als ich auf die Klingel drücke, und bilde mir ein, Kaffee zu riechen. Ich bin immer gerne hier gewesen, so seltsam es vielleicht klingt. Nun möchte ich Sandra und Reinhard S. mitteilen, was wir aus den Verhören in Erfahrung gebracht haben. Ihnen sagen, was mit ihrem Jungen geschehen ist. Nicht zuletzt stehe ich aber auch deshalb hier, weil ich das für mich selbst brauche. Ein Abschluss, der eine gewisse Würde hat.

Ecki und unsere Opferschützer Peter und Willi sind natürlich mit dabei. Sie lassen mir den Vortritt, als wir hineingebeten werden. Und sie lassen mir auch den Vortritt, als wir eine Stunde später wieder aus dem Haus gehen. Was ich den beiden in der Küche geschildert habe, war noch einmal äußerst erschütternd für sie. Bis sie so weit sind, dass sie sich von uns zu der Ablagestelle führen lassen, werden noch einige Monate vergehen. In dieser Zeit werden wir ab und zu telefonieren und mailen.

Die Schwestern der Abtei Mariendonk haben uns inzwischen bereits zu einem Aussegnungs-Gottesdienst eingeladen, und nun hören wir, dass wir auch bei Mircos Beerdigung willkommen sind. Natürlich wird die komplette Soko da sein, das steht fest.

Wir haben eine Gewalttat aufgeklärt, die eine ganze Region erschreckt und beschäftigt hat, und den Täter dingfest gemacht – nicht mehr und nicht weniger. Aber ist es die einzige Tat, die auf sein Konto geht, so wie er beteuert? Schon treffen die ersten Anfragen aus anderen Kommissionen ein, die ihre ungeklärten Fälle mit unserem abgleichen wollen. Und ich bin ganz und gar nicht sicher, dass Olaf H. jetzt, mit Mitte vierzig, zum ersten und einzigen Mal eine Grenze überschritten hat. Vielmehr kann ich mir durchaus vorstellen, dass er eines Tages noch weitere Übergriffe gesteht. Er ist vor der Tat stundenlang durch die Gegend gefahren, nicht umsonst hat er zum Abend noch mal aufgetankt. Außerdem hatte er eine große Plastikfolie, Schnur und Messer dabei. Das lässt auf eine bewusste Vorbereitung schließen.

Wir werden noch wochenlang damit beschäftigt sein, in Dülken alles auszuwerten, zu ordnen und schließlich aufzuräumen. Eine Soko beendet ja nicht sofort ihre Arbeit, wenn der Täter gefunden ist. Aber der Abschied aus Grefrath, das wir so lange belagert haben, fängt mit dem heutigen Tag an. Auch wenn ich in dieser Gegend, die ich trotz allem relativ friedlich finde, weiter wohnhaft bleibe.

Wir sind schon fast an der Tür, als wir uns noch einmal zu Mircos Eltern umdrehen. Es ist nie leicht, in solchen Momenten die richtigen Worte und Gesten zu finden. Aber diese Aufgabe nimmt uns Sandra, wie wir sie inzwischen nennen, einfach ab. Als wir ihnen zum Abschied die Hand geben wollen, nimmt sie uns der Reihe nach in den Arm, um einmal fest zu drücken. Alle vier.

»Versprechen gehalten«, sagt sie, »danke.«

CID JONAS GUTENRATH
110
Ein Bulle hört zu – Aus der Notrufzentrale der Polizei

Klappenbroschur
€ 14,99 [D], € 15,50 [A], sFr 20,90
ISBN: 978-3-86493-001-0

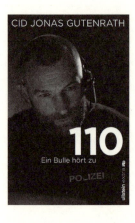

Geschichten mit Sogwirkung: nah am Leben und mitten ins Herz

Ein Freigänger erschlägt seine Frau mit einer Axt, eine verzweifelte Mutter sucht Rat in Erziehungsfragen, ein Yacht-Besitzer empört sich, weil er auf dem Landwehrkanal »geblitzt« wurde: Wenn Cid Jonas Gutenrath Notrufe entgegennimmt, kommt er den Menschen sehr nahe. Ob er eine Frau zum Weiterleben überredet oder einen kleinen Jungen tröstet – Gutenrath begegnet ihnen allen auf seine ganz persönliche, faszinierende Art.

Beim Lesen seiner authentischen Geschichten lacht man Tränen oder es stockt einem der Atem. Dieses Buch lässt niemanden kalt.

»Ein großartiges Buch« *Markus Lanz*